I0536086

BESTACTIVITYBOOKS.COM

PRIMEIRA EDIÇÃO - 2022

Ilustración gráfica adicional: www.freepik.com
Graças a Alekksall, Starline, Pch.vector, Rawpixel.com, Vectorpocket, Dgim-studio, Upklyak, Macrovector, Stockgiu, Pikisuperstar & Freepik.com Designers

5 DICAS PARA COMEÇAR

1) CÓMO RESOLVER LAS SOPA DE LETRAS

Os puzzles têm um formato clássico:

- As palavras estão escondidas sem espaços ou hífenes,...
- Orientação: As palavras podem ser escritas para a frente, para trás, para cima, para baixo ou na diagonal (podem ser invertidas).
- As palavras podem sobrepor-se ou intersectar-se.

2) APRENDIZAGEM ACTIVA

Ao lado de cada palavra há um espaço para anotar a tradução. Para encorajar a aprendizagem activa, um **DICIONÁRIO** no final desta edição permitir-lhe-á verificar e expandir os seus conhecimentos. Procure e anote as traduções, encontre-as no puzzle e adicione-as ao seu vocabulário!

3) MARCAR AS PALAVRAS

Pode inventar o seu próprio sistema de marcação - talvez já use um? Pode também, por exemplo, marcar palavras difíceis de encontrar com uma cruz, palavras favoritas com uma estrela, palavras novas com um triângulo, palavras raras com um diamante, e assim por diante.

4) ESTRUTURANDO A APRENDIZAGEM

Esta edição oferece um **CADERNO DE NOTAS** prático no final do livro. Nas férias, em viagem ou em casa, pode facilmente organizar os seus novos conhecimentos sem a necessidade de um segundo caderno!

5) JÁ TERMINOU TODAS AS GRELHAS?

Nas últimas páginas deste livro, na secção **DESAFIO FINAL**, encontrará um jogo gratuito!

Rápido e fácil! Consulte a nossa colecção de livros de actividades para o seu próximo momento de diversão e **aprendizagem**, a apenas um clique de distância!

Encontre o seu próximo desafio em:

BestActivityBooks.com/MeuProximoLivro

Aos vossos lugares, preparem-se...Vão!

Sabia que existem cerca de 7.000 línguas diferentes no mundo? As palavras são preciosas.

Adoramos línguas e temos trabalhado arduamente para criar livros da mais alta qualidade para si. Os nossos ingredientes?

Uma selecção de tópicos adequados à aprendizagem, três boas porções de entretenimento, e depois acrescentamos uma colherada de palavras difíceis e uma pitada de palavras raras. Servimo-los com amor e máximo divertimento, para que possa resolver os melhores jogos de palavras e se divirta a aprender!

A sua opinião é essencial. Pode participar activamente no sucesso deste livro, deixando-nos um comentário. Gostaríamos de saber o que mais lhe agradou nesta edição.

Aqui está um link rápido para a sua página de encomendas:

BestBooksActivity.com/Avaliacoes50

Obrigado pela vossa ajuda e divirtam-se!

A Equipa Inteira

1 - Dirigindo

K	C	Q	E	D	T	R	A	F	İ	K	Z	B	T	T	E
R	O	E	S	K	I	I	Y	M	E	J	G	I	A	E	C
E	H	C	L	D	M	V	A	P	O	P	A	F	Ş	H	J
B	R	E	E	U	H	Y	Y	H	V	T	Z	M	I	L	P
F	R	E	N	L	E	R	F	M	J	L	O	N	M	I	D
M	Y	C	Ü	T	U	Z	K	N	Y	V	P	R	A	K	P
H	K	P	T	I	S	N	A	S	İ	L	H	P	C	E	F
T	E	L	K	İ	S	O	T	O	M	P	Q	U	I	Y	P
E	M	N	İ	Y	E	T	K	P	O	L	İ	S	L	Z	A
D	I	K	K	A	T	H	Y	A	Q	J	O	C	I	Y	K
H	G	J	D	H	M	H	S	B	K	C	R	Y	K	I	A
Y	A	K	I	T	L	N	J	A	R	A	G	V	A	M	D
U	U	E	B	K	D	A	D	R	M	O	T	H	L	S	S
Q	M	A	V	A	T	İ	R	A	H	Y	K	Q	A	T	J
M	Y	U	M	Z	R	I	B	Y	H	N	T	O	Z	V	S
J	A	D	I	A	I	I	P	A	P	K	M	R	Q	U	V

KAZA
ARABA
YAKIT
DIKKAT
YOL
FRENLER
GARAJ
GAZ
LİSANS
HARİTA

MOTOSİKLET
MOTOR
YAYA
TEHLIKE
POLİS
SOKAK
EMNİYET
TAŞIMACILIK
TRAFİK
TÜNEL

2 - Antiguidades

Y	F	B	K	F	T	P	U	P	G	Ş	F	J	K	T	C
M	A	S	A	N	A	T	Y	M	Y	K	A	H	J	A	U
O	Z	T	L	H	M	S	Y	Z	T	U	K	R	M	R	N
B	A	A	I	Ş	I	D	N	A	Ğ	A	L	O	T	Z	D
I	R	Y	Y	R	R	E	S	T	O	R	A	S	Y	O	N
L	I	Q	Z	E	I	O	Z	Z	Q	O	O	Q	Y	S	Q
Y	F	S	Ü	Ğ	F	M	T	Z	Q	Q	E	T	G	R	Q
A	D	E	Y	E	İ	J	B	A	E	C	J	A	I	O	A
L	F	N	H	D	T	F	N	R	N	Y	N	K	Q	R	R
P	Q	N	Z	V	A	L	J	S	A	T	A	A	V	K	Y
U	M	U	O	İ	R	E	L	A	G	S	I	O	Y	D	B
N	P	V	C	H	O	I	Q	G	D	C	D	K	Y	E	Y
T	G	T	S	İ	K	K	E	T	I	L	A	K	U	U	N
C	N	I	C	V	E	U	Y	A	Ş	K	H	N	I	H	T
C	N	A	I	Q	D	H	E	H	K	V	L	S	D	Q	L
H	E	Y	K	E	L	J	I	F	I	Y	A	T	C	P	Q

SANAT
OTANTIK
ŞART
DEKORATİF
ZARIF
HEYKEL
TARZ
GALERİ
OLAĞAN DIŞI

YATIRIM
MOBILYA
SİKKE
FIYAT
KALITE
RESTORASYON
YÜZYIL
DEĞER
YAŞ

3 - Churrascos

P	S	L	T	B	Q	T	A	V	U	K	F	L	E	V	N
M	T	I	D	I	Y	O	S	R	E	L	E	Z	B	E	S
L	Ü	D	U	B	J	T	U	Z	A	Y	L	B	H	A	Q
F	P	Z	T	E	J	A	L	K	R	G	F	V	O	K	B
V	Z	P	I	R	Y	S	I	C	A	K	Z	N	Z	H	Y
Z	R	J	K	K	M	O	I	U	L	L	T	I	G	U	O
D	N	V	E	D	R	S	P	R	A	L	K	U	C	O	Ç
T	A	J	A	C	R	U	B	F	T	Y	O	R	O	K	H
Q	H	V	S	O	Ğ	A	N	V	A	N	S	K	U	N	F
B	U	P	E	V	Y	E	M	J	L	A	N	T	A	U	C
J	V	C	L	T	F	P	K	A	A	Ç	P	L	N	P	A
T	L	F	I	Q	U	H	A	C	S	L	B	I	Ç	A	K
D	O	M	A	T	E	S	L	E	R	I	E	Y	B	U	V
O	Y	U	N	L	A	R	L	T	V	K	C	V	U	Y	Q
A	R	K	A	D	A	Ş	L	A	R	O	U	G	J	V	N
K	R	K	B	P	V	F	L	E	N	J	H	R	A	J	I

ARKADAŞLAR
SOĞAN
DAVET
ÇOCUKLAR
BIÇAK
AILE
AÇLIK
TAVUK
MEYVE
IZGARA
OYUNLAR
SEBZELER
SOS
MÜZIK
BIBER
SICAK
TUZ
SALATALAR
DOMATESLER
YAZ

4 - Geologia

S	M	S	T	İ	S	A	A	F	Z	D	S	I	A	G	P
R	A	D	A	K	R	İ	S	T	A	L	L	E	R	B	I
A	Y	R	Ş	Q	N	L	L	E	R	O	Z	Y	O	N	T
V	A	L	K	R	A	B	M	A	Ğ	A	R	A	D	F	U
U	Y	Y	I	I	M	İ	N	E	R	A	L	L	E	R	Z
K	L	A	T	M	T	B	Ö	L	G	E	İ	C	M	N	A
V	A	P	K	V	A	B	K	T	U	G	S	G	L	V	C
E	K	F	C	R	K	A	J	R	P	T	O	U	I	G	H
Q	H	I	H	V	E	Q	C	A	L	N	F	A	M	G	R
V	D	C	D	U	A	O	B	R	J	P	L	R	E	E	L
O	O	E	Z	E	S	B	U	Y	T	Q	P	K	R	V	S
Q	C	L	P	D	Ö	N	G	Ü	L	E	R	I	C	N	K
Y	S	S	K	R	V	B	I	C	R	U	J	T	A	S	S
K	N	V	S	A	E	Q	H	S	G	F	T	A	N	Z	S
B	P	F	M	B	N	M	U	Y	İ	S	L	A	K	O	U
F	Q	G	J	V	A	K	G	A	T	C	U	I	S	Q	K

ASİT
KATMAN
MAĞARA
KALSİYUM
DÖNGÜLER
KITA
MERCAN
KRİSTALLER
EROZYON
SARKIT
FOSİL
LAV
MİNERALLER
TAŞ
YAYLA
KUVARS
TUZ
DEPREM
VOLKAN
BÖLGE

5 - Ética

R	I	B	A	S	M	E	R	H	A	M	E	T	E	G	B
D	A	I	F	H	C	M	A	K	U	L	Z	H	I	E	I
I	İ	S	D	E	Ğ	E	R	L	E	R	I	Z	Q	C	L
D	Y	P	Y	C	K	İ	L	İ	Ç	K	E	Ç	R	E	G
Ü	İ	I	L	O	S	U	F	R	H	F	Z	P	G	F	E
R	Ş	F	M	O	N	H	A	Y	S	I	Y	E	T	I	L
Ü	B	E	B	S	M	A	B	Ü	T	Ü	N	L	Ü	K	I
S	İ	L	İ	S	E	A	L	R	O	H	S	G	U	I	K
T	R	S	R	A	F	R	T	I	I	B	N	Q	H	L	I
L	L	E	E	Y	S	R	L	İ	T	T	S	S	B	N	L
Ü	İ	F	Y	G	Z	D	V	I	K	E	C	J	V	A	I
K	Ğ	E	C	I	L	T	R	F	K	K	K	B	S	S	C
I	İ	H	İ	L	A	V	R	M	A	A	P	P	G	N	E
A	S	M	L	I	S	R	Q	L	Q	Z	R	L	P	İ	G
N	S	U	İ	Z	N	D	P	M	L	E	G	C	K	M	Z
F	P	H	K	T	O	L	E	R	A	N	S	M	A	V	Ö

ÖZGECILIK
NEZAKET
MERHAMET
İŞBİRLİĞİ
HAYSIYET
DİPLOMATİK
FELSEFE
DÜRÜSTLÜK
İNSANLIK
BİREYCİLİK

BÜTÜNLÜK
IYIMSERLIK
SABIR
RASYONALITE
MAKUL
GERÇEKÇİLİK
SAYGILI
BILGELIK
TOLERANS
DEĞERLER

6 - Tempo

O	H	B	B	R	P	I	D	Y	K	J	Y	C	Z	G	B
K	K	U	V	G	A	L	B	S	L	N	Ü	C	H	B	A
O	J	E	I	E	E	I	D	M	I	Ş	Z	M	F	D	L
O	N	D	I	I	L	L	D	Ü	Y	N	Y	G	R	M	Q
B	U	G	Ü	N	Ğ	S	E	C	N	Ö	I	Ü	F	Y	A
Y	J	Y	F	A	Ö	Z	T	C	O	S	L	N	T	C	O
I	U	B	Z	S	G	S	I	I	E	S	H	K	K	I	R
L	M	I	R	Z	A	J	K	D	C	K	A	T	F	A	H
L	M	E	S	J	M	D	P	R	R	H	B	A	V	R	G
I	F	F	A	H	V	A	D	K	O	R	A	P	T	A	H
K	H	O	U	M	H	K	R	Q	K	N	S	K	M	Y	Z
G	E	Ç	M	I	Ş	İ	L	R	D	N	O	K	E	E	S
J	E	D	N	V	F	K	G	E	C	E	R	V	G	R	Q
G	R	J	N	K	Y	A	I	Y	B	B	A	N	O	U	Y
O	J	Y	O	A	I	E	H	G	Q	L	E	J	F	D	T
M	G	A	F	T	L	E	K	K	S	N	B	J	G	V	T

ŞIMDI
YIL
ÖNCE
YILLIK
TAKVIM
ON YIL
GÜN
GELECEK
BUGÜN
SAAT

SABAH
ÖĞLE
AY
DAKİKA
AN
GECE
DÜN
GEÇMIŞ
HAFTA
YÜZYIL

7 - Astronomia

M	H	B	S	N	J	U	P	N	Q	Z	Y	L	Y	T	Z
B	E	E	U	A	N	M	E	E	O	D	P	S	E	A	R
U	S	T	U	L	U	B	K	G	S	J	O	A	R	K	G
A	K	O	E	E	J	Z	R	M	L	Z	A	S	Ç	I	J
D	O	T	J	O	E	D	M	Z	N	B	N	T	E	M	Y
A	N	O	M	Z	R	E	G	T	K	T	T	R	K	Y	A
K	İ	P	R	A	D	Y	A	S	Y	O	N	O	İ	I	B
Ö	K	R	G	Ö	K	Y	Ü	Z	Ü	O	G	N	M	L	R
G	E	A	V	O	N	R	E	P	Ü	S	Ö	O	İ	D	T
K	Ü	K	M	N	Z	E	O	O	Y	P	K	T	C	I	Q
R	E	N	P	H	Y	C	G	T	D	I	S	E	Y	Z	G
I	R	A	E	L	Y	Z	N	E	R	V	E	K	F	Y	V
G	E	O	F	Ş	G	Q	K	R	Z	E	L	O	F	M	E
T	U	T	U	L	M	A	B	P	L	E	A	R	I	S	H
R	A	S	A	T	H	A	N	E	Y	A	G	K	K	K	E
A	S	T	R	O	N	O	M	N	F	N	S	S	F	D	J

ASTRONOT
ASTRONOM
GÖKSEL
GÖKYÜZÜ
TAKIMYILDIZ
TUTULMA
EKİNOKS
ROKET
GÖKADA
YERÇEKİMİ
AY
METEOR
BULUTSU
RASATHANE
GEZEGEN
RADYASYON
GÜNEŞ
SÜPERNOVA
TOPRAK
EVREN

8 - Acampamento

G	D	L	U	Z	Q	K	I	L	I	C	V	A	C	A	A
F	E	N	E	R	Z	A	L	U	S	U	P	N	Ğ	M	S
M	A	C	E	R	A	N	J	H	G	U	I	H	Q	O	N
A	A	L	V	H	M	O	İ	H	U	Ö	F	A	U	Z	D
T	A	Ğ	A	Ç	L	A	R	B	R	Q	L	M	D	A	Ğ
E	I	Q	H	A	D	H	I	H	A	A	Y	A	Y	G	K
Ş	Q	E	D	G	Q	O	D	A	Y	K	F	K	B	Z	V
G	K	B	V	R	P	V	A	Y	Y	C	Q	K	Ö	Y	G
O	A	M	L	D	S	N	Ç	V	Q	S	T	S	C	K	Y
H	A	R	İ	T	A	O	Z	A	P	K	R	Q	E	F	H
L	J	A	Z	S	H	S	N	N	A	M	R	O	K	B	G
Ş	A	P	K	A	Q	O	P	L	G	Z	H	V	C	L	N
V	D	Q	M	K	K	O	Y	A	A	U	I	K	D	E	V
T	M	O	E	I	T	B	F	R	E	S	R	K	H	Q	D
J	I	L	S	B	J	Q	F	C	P	K	A	R	Z	Y	J
T	K	H	C	D	L	I	Z	Y	B	H	C	Z	U	A	J

HAYVANLAR
MACERA
AĞAÇLAR
PUSULA
KABİN
AVCILIK
KANO
ŞAPKA
IP
ORMAN
ATEŞ
BÖCEK
GÖL
FENER
AY
HAMAK
HARİTA
DAĞ
DOĞA
ÇADIR

9 - Emoções

S	G	F	K	R	H	A	Q	D	S	I	L	M	Q	R	Y
Ü	I	U	I	U	Q	A	D	J	B	M	F	F	B	M	J
Z	L	K	Ş	A	T	L	S	M	U	T	L	U	L	U	K
Ü	C	R	I	T	E	R	F	S	L	J	L	J	J	V	B
N	I	O	R	N	I	K	A	S	A	M	E	M	N	U	N
T	U	K	A	K	T	A	H	A	R	S	L	V	R	T	B
Ü	I	B	B	Y	O	I	M	S	F	T	İ	A	L	E	T
D	N	Z	Z	R	K	L	I	B	B	F	T	Y	U	E	A
B	C	A	O	T	C	N	N	T	E	K	A	Z	E	N	T
S	E	V	İ	N	Ç	A	N	K	D	R	P	D	K	T	G
E	C	D	A	A	R	C	E	G	A	C	M	F	F	O	T
H	Z	O	R	B	F	E	T	P	G	R	E	B	Ö	H	Z
S	V	Q	P	S	T	Y	T	I	V	J	S	Q	O	I	D
D	B	N	C	E	M	E	A	H	V	G	G	P	T	U	D
U	T	I	L	O	A	H	R	U	Z	U	H	O	U	Z	N
O	O	U	M	L	E	C	E	K	G	K	P	Z	V	E	Y

SEVİNÇ
AŞK
HEYECANLI
MUTLULUK
NEZAKET
SAKIN
MINNETTAR
KORKU
BARIŞ
ÖFKE
RAHAT
MEMNUN
SEMPATİ
HASSASİYET
SIKINTI
HUZUR
ÜZÜNTÜ

10 - Ficção Científica

Y	G	I	H	I	Y	I	S	T	F	T	Q	Z	K	K	F
B	A	E	B	U	H	O	B	E	A	E	F	D	F	E	Ü
R	O	N	R	Z	Y	H	L	P	N	K	Ü	L	H	H	T
I	O	N	I	Ç	U	Z	A	K	T	N	T	M	P	A	Ü
E	Z	D	L	L	E	B	H	B	A	O	O	V	U	N	R
B	Y	Y	M	F	S	K	J	T	S	L	P	G	O	E	I
R	K	K	E	S	C	A	Ç	Q	T	O	Y	Z	Y	T	S
A	I	V	Z	K	O	M	M	İ	I	J	A	P	N	V	T
S	Ş	N	I	D	C	K	I	A	K	I	K	Q	U	U	I
K	E	I	G	B	Q	G	D	E	İ	L	A	Y	A	H	K
B	T	T	R	E	I	S	Z	G	M	L	E	Q	E	Q	I
D	A	L	L	I	P	Z	E	Ö	O	D	Ü	N	Y	A	N
G	E	Z	E	G	E	N	D	K	T	B	V	I	C	Q	T
U	K	S	İ	N	E	M	A	A	A	G	Y	Y	H	I	Z
T	V	K	F	C	D	J	Y	D	P	A	T	L	A	M	A
R	A	L	T	O	B	O	R	A	L	P	A	T	İ	K	C

ATOMİK
SİNEMA
UZAK
PATLAMA
AŞIRI
FANTASTIK
ATEŞ
FÜTÜRISTIK
GÖKADA
YANILSAMA
HAYALİ
KİTAPLAR
GIZEMLI
DÜNYA
KEHANET
GEZEGEN
GERÇEKÇİ
ROBOTLAR
TEKNOLOJI
ÜTOPYA

11 - Mitologia

Ö	T	Y	T	N	E	R	İ	B	A	L	M	N	Q	E	R
L	L	P	Z	B	U	Y	A	R	A	T	I	K	D	F	N
E	U	Ü	Z	K	K	M	I	R	I	D	L	I	Y	S	Q
J	I	G	M	J	F	Y	U	M	V	U	D	K	S	A	K
P	J	H	F	L	V	V	B	N	M	A	K	I	T	N	I
T	Z	L	C	Y	Ü	F	E	K	E	A	S	C	C	E	S
E	K	O	N	Q	D	J	M	U	Z	A	F	F	E	R	K
K	Ü	L	T	Ü	R	R	T	V	D	J	E	F	D	K	A
A	L	H	Q	E	L	C	A	N	A	V	A	R	A	U	N
L	Z	K	A	H	R	A	M	A	N	P	I	U	V	V	Ç
E	Ü	B	Y	A	R	A	T	I	L	I	Ş	S	R	V	L
F	S	B	Ü	S	A	V	A	Ş	Ç	I	U	D	A	E	I
E	M	L	V	Y	P	T	H	C	P	G	R	G	N	T	K
G	Ü	O	R	C	Ü	A	Y	H	Q	O	O	O	I	O	K
S	L	I	U	C	N	L	O	R	M	J	G	C	Ş	A	C
V	Ö	Ü	S	Ü	T	L	Ü	R	Ü	G	K	Ö	G	Q	N

NUMUNE
KISKANÇLIK
DAVRANIŞ
YARATILIŞ
YARATIK
KÜLTÜR
FELAKET
KUVVET
SAVAŞÇI
KAHRAMAN
ÖLÜMSÜZLÜK
LABİRENT
EFSANE
BÜYÜLÜ
CANAVAR
ÖLÜMLÜ
YILDIRIM
MUZAFFER
GÖK GÜRÜLTÜSÜ
INTIKAM

12 - Medições

K	H	K	Q	O	F	S	A	L	H	D	F	O	G	O	L
U	İ	O	J	J	B	J	F	I	D	A	P	Q	S	N	O
L	O	L	V	T	Z	M	S	O	Y	K	U	N	Z	D	B
N	H	O	O	M	E	T	Q	E	S	İ	Z	V	H	A	P
U	S	G	H	G	A	G	H	C	V	K	Q	L	T	L	Y
Z	D	U	D	C	R	V	R	K	D	A	Q	N	O	I	K
U	M	Y	S	C	H	A	O	A	S	G	T	D	R	K	Z
L	S	I	O	B	G	P	M	G	M	T	I	Y	U	L	B
Y	Ü	K	S	E	K	L	I	K	M	A	P	S	E	Ç	Y
G	E	N	I	Ş	L	I	K	O	P	O	N	T	O	N	O
E	R	T	İ	L	Q	K	D	I	B	A	F	Y	T	İ	Z
L	T	A	N	E	R	T	E	M	İ	T	N	A	S	B	N
T	E	Q	K	V	C	I	H	A	C	I	M	B	Q	O	A
I	M	O	P	V	R	Y	Ğ	D	E	R	I	N	L	I	K
K	O	C	S	T	M	M	U	A	V	A	B	Z	C	P	B
K	İ	L	O	M	E	T	R	E	C	E	R	E	D	I	L

YÜKSEKLIK
BAYT
SANTİMETRE
UZUNLUK
ONDALIK
GRAM
DERECE
GENIŞLIK
LİTRE
KITLE

METRE
DAKİKA
ONS
AĞIRLIK
İNÇ
DERINLIK
KİLOGRAM
KİLOMETRE
TON
HACIM

13 - Álgebra

S	N	E	K	Ş	I	Ğ	E	D	A	R	Q	I	J	Z	B
I	O	U	T	E	A	K	V	G	G	P	K	Q	T	Q	A
T	I	R	M	A	L	P	O	T	T	U	R	S	M	D	S
K	K	O	U	A	M	R	A	K	I	Ç	O	Y	P	G	İ
I	L	M	U	N	R	P	S	Z	F	O	R	M	Ü	L	T
I	N	E	D	K	L	A	S	U	R	Ğ	O	D	O	Q	L
R	B	M	I	L	M	D	A	S	G	U	I	M	U	S	E
D	A	M	B	S	Ş	I	L	N	A	Y	H	G	Q	P	Ş
F	F	Ü	A	Y	F	O	L	O	V	G	E	K	F	S	T
H	P	Z	T	T	L	Z	K	S	V	K	H	E	A	D	İ
G	H	Ö	C	O	R	S	I	F	I	R	N	S	K	E	R
B	Q	Ç	K	N	O	İ	V	Y	C	Q	V	I	T	N	C
B	Ö	L	Ü	M	Ü	S	S	N	P	U	I	R	Ö	K	A
Z	Q	D	P	P	A	R	A	N	T	E	Z	D	R	L	N
M	K	D	İ	Y	A	G	R	A	M	E	D	E	U	E	V
T	D	A	E	Z	M	O	N	H	P	A	A	J	P	M	Q

DİYAGRAM
BÖLÜM
DENKLEM
ÜS
YANLIŞ
FAKTÖR
FORMÜL
KESIR
SONSUZ
DOĞRUSAL

MATRİS
NUMARA
PARANTEZ
SORUN
BASİTLEŞTİR
ÇÖZÜM
TOPLAM
ÇIKARMA
DEĞIŞKEN
SIFIR

14 - Plantas

N	O	O	L	B	Y	K	A	R	P	A	Y	O	T	G	B
L	C	S	D	J	O	İ	Ö	S	G	C	F	T	C	K	D
C	D	J	N	Z	S	L	G	K	A	R	O	L	F	T	A
B	A	M	B	U	U	L	A	İ	E	R	B	Ü	G	S	U
O	R	A	S	O	N	İ	I	N	L	R	M	C	J	N	T
A	R	F	R	B	Y	Ş	L	A	P	T	O	A	P	E	Z
N	A	M	N	R	D	E	M	T	C	I	N	K	Ş	M	G
M	C	S	A	S	E	Y	P	O	P	Y	R	A	A	I	V
N	H	H	D	N	Z	D	R	B	Z	J	S	K	Ğ	Ç	K
F	A	S	U	L	Y	E	F	Q	D	Q	J	M	A	A	T
P	O	V	L	Ç	I	Ç	E	K	U	A	V	B	Ç	L	O
M	Q	Y	A	Z	S	G	Ç	Z	T	Y	I	U	U	I	Q
S	M	M	I	V	B	E	H	J	R	K	A	K	T	Ü	S
S	P	A	V	K	C	Z	A	U	R	I	V	G	I	B	T
F	T	Q	V	Q	U	S	B	M	B	V	G	R	J	Z	G
B	İ	T	K	İ	Ö	R	T	Ü	S	Ü	I	R	U	Z	I

ÇALI
AĞAÇ
DUT
BAMBU
BOTANİK
KAKTÜS
OT
FASULYE
GÜBRE
ÇIÇEK
FLORA
ORMAN
YEŞİLLİK
ÇIMEN
SARMAŞIK
BAHÇE
YOSUN
YAPRAK
KÖK
BİTKİ ÖRTÜSÜ

15 - Veículos

D	R	G	B	A	J	Z	O	A	F	E	R	İ	B	O	T
C	E	Q	O	U	F	R	N	M	M	O	T	O	R	N	Z
Q	L	N	T	Y	S	S	R	B	Y	F	C	N	B	T	R
A	K	O	İ	U	Y	A	O	U	I	T	K	L	J	L	L
D	İ	Y	C	Z	I	M	B	L	B	Y	G	P	V	Y	I
Z	T	M	Y	N	A	D	A	A	T	L	L	F	N	I	T
O	S	A	U	V	S	L	C	N	S	R	R	A	F	G	F
I	A	K	H	B	A	M	T	S	M	E	T	R	O	Z	P
E	L	A	T	Z	L	S	E	I	H	V	V	A	N	S	E
T	I	Ç	K	S	L	A	L	O	K	V	D	B	Z	R	D
A	B	U	G	C	Y	C	K	J	L	O	T	O	B	Ü	S
K	B	F	F	N	G	I	I	R	Ö	T	K	A	R	T	E
S	O	A	S	C	H	J	S	D	O	F	I	H	S	A	B
İ	K	E	R	V	A	N	I	F	P	K	H	L	E	Q	S
N	H	I	E	A	T	K	B	J	M	Z	E	R	F	I	L
H	E	L	İ	K	O	P	T	E	R	Z	F	T	A	H	R

AMBULANS
UÇAK
FERİBOT
BOT
BISIKLET
KAMYON
KERVAN
ARABA
ROKET
VAN
HELİKOPTER
SAL
METRO
MOTOR
OTOBÜS
LASTİKLER
DENİZALTI
TAKSİ
TRAKTÖR

16 - Engenharia

P	L	N	T	E	V	V	U	K	H	U	I	Ç	A	M	M
Y	H	E	S	A	P	L	A	M	A	A	D	A	F	O	A
C	V	S	N	E	B	F	T	I	M	S	R	P	Y	T	K
D	O	K	Z	T	O	E	L	T	A	J	U	E	K	O	İ
F	İ	E	R	U	L	V	S	I	Q	E	L	O	K	R	N
R	J	Y	D	R	T	J	P	Ğ	S	C	U	D	A	E	E
Y	I	Q	A	U	D	L	M	A	Z	B	R	N	O	Y	T
C	O	L	T	G	T	P	A	D	N	Q	R	E	H	J	O
M	H	B	H	E	R	B	O	Y	U	T	L	A	R	G	Z
Y	A	P	I	N	C	A	S	Ü	R	T	Ü	N	M	E	A
S	I	V	I	E	L	J	M	R	N	F	H	E	Ü	A	M
G	T	O	A	R	L	G	K	Y	Y	F	P	O	Ç	N	D
B	Y	M	F	J	Q	B	P	D	Y	Z	D	O	L	E	R
R	E	O	R	I	J	P	T	Y	S	R	U	Z	Ö	Z	G
N	C	N	M	S	J	R	K	M	A	H	I	C	R	F	F
D	E	R	I	N	L	I	K	D	F	U	U	J	T	V	G

KOL
SÜRTÜNME
AÇI
HESAPLAMA
DİYAGRAM
ÇAP
MAZOT
BOYUTLAR
DAĞITIM
EKSEN
ENERJI
SEBAT
YAPI
KUVVET
SIVI
MAKİNE
ÖLÇÜM
MOTOR
HAREKET
DERINLIK

17 - Restaurante # 2

G	O	K	U	S	U	H	C	F	Z	S	H	Y	T	K	N
C	N	G	I	Z	P	Y	M	T	S	J	R	H	Q	A	E
S	H	B	H	B	A	H	A	R	A	T	K	Z	K	Ş	V
D	E	V	Y	E	M	E	A	T	R	U	M	U	Y	I	G
P	Z	B	E	R	İ	Ş	T	E	Y	Q	R	N	V	K	Ç
M	E	B	Z	N	I	N	A	P	Z	L	E	Q	T	I	O
C	M	Y	T	E	P	I	L	T	E	Z	Z	E	L	L	R
B	Q	C	O	Y	L	T	A	F	Q	P	P	U	A	A	B
U	R	I	G	L	U	E	S	H	B	J	S	F	T	B	A
Z	O	E	H	A	Z	Y	R	R	H	N	U	P	A	Z	Z
J	S	M	T	D	O	Y	D	S	P	O	V	K	Ç	J	Y
K	Q	D	I	N	O	S	R	A	G	V	J	M	E	O	P
V	T	S	R	A	U	R	G	U	T	H	R	R	N	K	P
U	I	T	P	S	N	Q	B	A	A	F	B	M	R	M	F
B	Y	O	M	O	M	T	H	M	O	V	L	B	D	R	D
G	I	H	F	A	K	O	F	O	H	T	K	B	Z	N	Q

MEZE
SU
KEK
SANDALYE
KAŞIK
LEZZETLI
BAHARAT
MEYVE
GARSON
ÇATAL
BUZ
SEBZELER
ERİŞTE
YUMURTA
BALIK
TUZ
SALATA
ÇORBA

18 - Países #2

Y	U	N	A	N	I	S	T	A	N	V	E	O	U	Y	Z
H	L	Y	J	E	N	A	T	S	I	K	A	P	G	A	L
C	M	P	V	G	E	R	N	L	K	H	Z	K	A	K	P
S	G	S	D	H	P	L	A	O	S	I	Q	M	N	O	V
R	O	J	I	I	A	J	A	M	A	İ	K	A	D	E	K
M	U	M	L	L	L	O	S	H	P	E	A	S	A	R	O
E	A	S	A	L	Ü	B	N	A	N	L	R	C	H	U	R
K	Y	R	Y	L	I	M	A	Y	İ	R	L	A	N	D	A
S	I	F	N	A	İ	T	R	R	C	M	B	A	P	V	Y
İ	K	S	B	A	Y	E	F	E	R	Q	B	T	T	C	Z
K	G	M	B	Q	V	G	M	J	M	M	L	J	H	O	E
A	Q	S	I	M	R	U	U	İ	T	İ	A	H	R	V	N
U	K	R	A	Y	N	A	T	N	S	U	R	İ	Y	E	O
M	J	G	P	K	K	E	E	L	S	H	V	Y	E	F	D
D	A	N	İ	M	A	R	K	A	U	S	S	P	V	G	N
J	A	P	O	N	Y	A	A	S	F	K	C	E	S	U	E

ARNAVUTLUK
DANİMARKA
FRANSA
YUNANISTAN
HAİTİ
ENDONEZYA
İRLANDA
JAMAİKA
JAPONYA
LAOS
LÜBNAN
MEKSİKA
NEPAL
NİJERYA
PAKISTAN
RUSYA
SURİYE
SOMALİ
UKRAYNA
UGANDA

19 - Cozinha

B	L	H	B	Q	O	C	R	B	Z	Q	P	Q	A	L	F
J	U	B	E	D	D	F	Z	J	H	G	B	K	U	A	U
N	Q	Z	V	Y	M	O	G	M	J	E	M	K	R	F	N
B	T	Y	D	S	E	F	N	A	Z	A	K	E	M	E	Y
H	A	N	D	O	C	D	R	D	Y	D	A	U	N	B	K
S	S	R	Z	N	L	A	V	U	U	F	B	I	A	R	J
Ü	N	N	K	D	V	A	B	E	G	R	E	G	N	Ü	S
R	G	Y	P	J	M	I	B	G	J	K	U	S	M	P	P
A	R	K	Ü	L	N	Ö	C	I	O	E	A	C	A	E	J
H	A	Q	A	R	A	G	Z	I	F	P	D	B	U	Ç	V
I	L	U	R	Ş	M	V	N	T	I	Ç	F	A	K	E	Q
P	L	A	Z	T	I	M	U	E	R	E	K	H	I	T	D
B	A	R	D	A	K	K	A	Ç	I	B	F	A	D	E	C
G	T	K	A	V	A	N	O	Z	N	M	S	R	C	I	Y
N	A	N	T	D	O	N	D	D	U	V	F	A	F	R	B
J	Ç	O	S	S	V	B	Q	F	J	S	L	T	U	I	J

ÖNLÜK
KAZAN
KAŞIK
YEMEK
KEPÇE
BARDAK
BAHARAT
SÜNGER
BIÇAK
FIRIN
DONDURUCU
ÇATALLAR
BUZDOLABI
IZGARA
PEÇETE
KAVANOZ
SÜRAHI
TAS

20 - Material de Arte

T	U	T	K	A	L	K	J	Y	Ş	O	M	V	J	O	K
S	K	Â	Ğ	I	T	F	I	M	Ö	O	T	Y	V	D	S
Q	Y	C	A	O	C	Q	O	I	V	P	P	U	D	E	Z
E	I	F	Y	F	Q	D	Y	J	A	R	E	M	A	K	M
K	S	U	L	U	B	O	Y	A	L	I	K	V	Z	E	A
I	A	A	K	R	İ	L	İ	K	E	Y	K	D	P	R	S
L	E	L	U	N	F	N	G	T	O	U	E	G	Y	Y	A
I	D	E	E	O	E	I	L	D	O	Q	R	D	V	J	N
C	I	T	F	M	Y	R	İ	Y	Y	I	Ü	E	R	Z	L
I	I	S	S	P	L	H	S	M	N	I	M	G	T	K	M
T	L	A	U	D	A	E	D	L	G	H	R	L	Z	O	V
A	B	P	Z	F	D	S	R	A	L	A	Ç	R	I	F	S
R	L	Z	S	J	N	P	Z	N	H	J	P	J	R	T	K
A	T	N	T	U	A	U	J	G	Y	F	Z	H	L	Q	R
Y	I	J	M	U	S	Z	R	K	M	R	M	V	Q	I	P
C	B	E	J	S	P	R	C	M	A	G	G	G	A	B	I

AKRİLİK
SİLGİ
SULUBOYA
KIL
SU
SANDALYE
ŞÖVALE
KAMERA
TUTKAL
RENK
YARATICILIK
FIRÇALAR
KALEMLER
MASA
YAĞ
KÂĞIT
PASTEL
MÜREKKEP

21 - Números

T	O	T	O	C	S	J	I	Z	A	Y	G	D	G	O	R
Y	Z	N	B	K	D	H	O	V	P	F	V	O	A	N	Q
Q	R	C	I	D	Ö	R	T	N	Z	F	J	K	Y	Y	G
A	U	F	Y	K	K	I	L	A	D	N	O	U	E	E	D
R	O	F	M	N	I	V	S	R	K	Ö	U	Z	D	D	Y
N	B	S	F	Y	O	I	P	Y	Q	O	R	F	İ	I	Ç
S	Ş	E	B	B	F	Q	E	R	A	G	U	T	L	O	Ü
D	A	K	U	Z	J	G	F	O	C	B	I	J	P	T	N
S	Y	İ	Y	İ	R	M	İ	Q	I	I	T	L	A	N	O
P	N	Z	R	D	S	Z	I	Y	P	R	N	L	J	A	Q
R	V	A	F	G	D	V	N	U	U	N	O	M	K	L	G
K	N	N	O	O	N	S	E	K	I	Z	E	C	H	T	N
P	Q	E	E	K	S	I	F	I	R	B	O	L	S	I	H
Ü	C	E	C	P	Y	N	C	Z	E	B	C	Q	Z	T	C
Ç	U	M	O	N	D	O	K	U	Z	F	Q	F	H	M	O
H	H	F	U	2	S	K	Z	K	E	T	J	L	G	V	F

BEŞ
ONDALIK
ON
ON DOKUZ
ON ALTI
ON YEDI
ONSEKIZ
ON IKI
DOKUZ
SEKİZ
ON DÖRT
DÖRT
ALTI
YEDİ
ON ÜÇ
ÜÇ
BIR
YİRMİ
SIFIR

22 - Física

I	E	E	E	F	F	V	L	H	G	A	Z	I	E	M	Y
L	B	F	V	V	Q	T	G	U	M	N	I	K	L	A	O
Ü	L	M	U	A	R	T	Y	Z	O	Z	H	I	E	N	Ğ
K	A	O	S	Y	F	E	I	J	T	N	R	O	K	Y	U
İ	S	H	H	H	Y	M	N	N	O	K	I	P	T	E	N
T	A	L	Q	Y	E	O	O	S	R	K	K	J	R	T	L
R	Y	V	K	H	R	L	I	S	E	I	Z	Y	O	İ	U
A	M	H	I	A	Ç	E	R	E	E	L	K	Ü	N	Z	K
P	I	Z	L	D	E	K	Z	S	J	K	Ü	M	Z	M	U
V	K	O	I	V	K	Ü	R	D	M	I	S	M	E	A	P
K	I	T	L	E	İ	L	R	N	Q	S	E	O	R	A	C
O	C	J	E	A	M	N	A	L	Z	I	H	T	N	O	B
M	M	K	R	K	İ	N	A	K	E	M	T	A	U	O	F
G	M	Z	Ö	K	T	R	N	F	Z	U	D	O	N	J	R
R	T	L	G	Z	C	F	F	H	M	B	A	F	P	N	G
B	A	H	G	S	T	Y	E	P	K	B	R	E	K	V	V

HIZLANMA
ATOM
KAOS
YOĞUNLUK
ELEKTRON
FORMÜL
SIKLIK
GAZ
YERÇEKİMİ
MANYETİZMA
KITLE
MEKANİK
MOLEKÜL
MOTOR
NÜKLEER
PARTİKÜL
KIMYASAL
GÖRELILIK
EVRENSEL
HIZ

23 - Especiarias

A	D	E	V	M	N	Y	L	U	F	R	D	G	F	G	J
Z	Y	K	A	S	M	I	R	A	S	E	S	O	Ğ	A	N
C	H	Ş	T	K	O	C	F	G	F	Z	N	Y	R	A	T
M	E	I	U	N	J	A	S	Z	U	E	G	Y	N	D	A
B	Y	V	Z	M	B	A	Y	L	İ	N	A	V	U	K	R
V	G	G	İ	T	I	H	O	S	D	E	C	C	H	Y	Ç
S	S	M	R	Z	B	K	K	S	Z	Z	R	T	K	C	I
N	O	M	Ö	J	E	I	A	D	A	Y	C	R	F	J	N
H	C	J	K	B	R	E	K	L	I	F	E	C	N	E	Z
M	L	E	Z	Z	E	T	U	O	R	Z	R	J	E	B	V
S	E	D	Q	E	N	H	L	L	Z	I	K	A	A	R	N
M	Z	Y	C	K	Z	E	E	Q	S	G	İ	R	N	I	B
Y	D	O	A	K	İ	M	Y	O	N	E	Ş	A	P	T	B
Z	D	G	N	N	A	N	A	S	O	N	N	O	Y	G	K
G	Q	Y	H	R	L	T	A	T	L	I	İ	Y	S	Z	Y
Q	H	E	E	M	J	G	R	Z	J	K	Ş	Y	F	S	G

SAFRAN
MEYAN
SARIMSAK
ACI
ANASON
EKŞI
VANİLYA
TARÇIN
KAKULE
KÖRİ

SOĞAN
KİŞNİŞ
KİMYON
TATLI
REZENE
ZENCEFIL
CEVİZ
BIBER
LEZZET
TUZ

24 - Países #1

K	G	Y	H	H	U	F	A	S	M	G	N	L	V	G	N
B	H	K	D	L	B	N	Z	R	A	K	L	A	A	V	O
B	R	E	Z	I	L	Y	A	Y	L	A	T	İ	P	U	R
D	H	B	Q	E	İ	Q	H	Y	İ	C	G	A	M	E	V
U	N	Y	K	I	A	Y	İ	D	N	A	L	N	İ	F	E
S	A	S	B	F	R	K	J	I	M	O	L	M	P	H	Ç
U	U	C	U	S	S	U	G	V	H	B	L	A	Y	O	L
S	P	E	J	H	İ	K	A	N	A	D	A	O	R	N	O
V	G	T	H	I	N	D	I	S	T	A	N	H	P	U	O
İ	S	P	A	N	Y	A	S	A	L	M	A	N	Y	A	F
R	Q	L	L	L	V	S	E	B	R	Q	K	O	E	N	A
O	N	S	P	E	I	B	N	E	K	V	A	D	O	R	S
P	A	N	A	M	A	Y	E	I	R	A	K	K	B	D	G
M	I	S	I	R	Y	A	G	K	A	M	B	O	Ç	Y	A
B	G	B	O	A	P	C	A	U	G	A	R	A	K	İ	N
H	K	B	F	D	T	A	L	E	U	Z	E	N	E	V	C

ALMANYA
BREZILYA
KAMBOÇYA
KANADA
MISIR
EKVADOR
İSPANYA
FİNLANDİYA
IRAK
İSRAİL

İTALYA
HINDISTAN
MALİ
FAS
NİKARAGUA
NORVEÇ
PANAMA
POLONYA
SENEGAL
VENEZUELA

25 - Casa

Y	N	M	L	P	T	I	N	I	V	L	M	O	Z	I	B
K	N	C	Y	S	I	C	V	O	U	F	M	Z	G	U	O
Ş	P	R	Z	P	T	L	A	D	D	J	C	Z	U	P	F
Ö	Y	I	V	J	P	B	O	T	F	A	A	O	U	U	M
M	İ	L	İ	K	T	C	N	R	G	R	K	H	B	J	U
İ	L	M	Z	C	S	I	P	A	D	A	T	A	K	J	S
N	A	D	N	O	Ü	S	E	L	J	G	F	T	P	U	L
E	P	U	I	S	P	K	R	R	A	V	U	D	K	I	U
B	R	Ş	N	R	Ü	E	D	A	I	N	R	M	Ü	K	K
Z	T	E	V	S	R	Y	E	T	I	Ç	K	H	T	S	A
S	C	N	C	I	G	V	L	H	F	I	A	S	Ü	H	F
P	U	C	I	N	E	V	E	A	Y	N	A	M	P	T	T
B	A	H	Ç	E	E	Z	R	N	G	F	L	I	H	A	U
Q	T	U	Z	Z	V	P	Y	A	L	Q	O	C	A	V	M
Ç	A	T	I	K	A	T	I	S	S	J	F	G	N	A	L
M	O	B	I	L	Y	A	N	O	C	E	P	U	E	N	V

KÜTÜPHANE
ÇIT
ANAHTARLAR
DUŞ
PERDELER
MUTFAK
AYNA
GARAJ
PENCERE
BAHÇE
ŞÖMİNE
MOBILYA
DUVAR
KAPI
ODA
ÇATI KATI
KİLİM
TAVAN
MUSLUK
SÜPÜRGE

26 - Vegetais

D	F	B	I	C	B	T	T	B	J	C	F	E	J	F	Z
J	E	K	A	B	A	K	H	U	R	A	N	İ	G	N	E
R	T	E	Y	L	E	Z	E	B	R	O	M	D	L	U	N
H	Z	R	A	T	N	A	M	P	I	P	K	E	A	V	C
Y	K	E	M	S	A	R	I	M	S	A	K	O	D	M	E
P	Z	V	P	A	T	A	T	E	S	N	K	V	L	K	F
L	O	İ	Q	Z	E	H	D	Ç	U	V	A	H	E	İ	I
S	N	Z	N	V	U	R	Q	F	T	A	R	O	Y	Z	L
E	A	T	H	Y	E	S	K	F	N	H	N	J	N	B	S
T	D	L	P	A	T	L	I	C	A	N	A	O	C	I	O
A	Y	Y	A	I	P	U	Y	J	E	O	B	Z	N	D	Ğ
M	A	O	E	T	L	J	E	Z	G	N	A	Y	N	H	A
O	M	A	G	L	A	Ş	Y	I	C	R	H	Y	C	P	N
D	Q	I	A	I	R	D	L	C	Q	A	A	J	G	K	L
H	Z	N	O	Q	F	H	B	O	M	N	R	V	I	Y	O
S	A	L	A	T	A	L	I	K	A	N	A	P	S	I	J

KABAK
KEREVİZ
ENGİNAR
SARIMSAK
PATATES
PATLICAN
BROKOLİ
SOĞAN
HAVUÇ
MANTAR
KARNABAHAR
BEZELYE
ISPANAK
ZENCEFIL
ŞALGAM
SALATALIK
TURP
SALATA
MAYDANOZ
DOMATES

27 - Balé

I	A	M	B	Y	I	R	D	E	H	G	V	R	I	B	U
K	N	M	H	Z	K	E	E	R	S	O	O	T	K	A	M
Q	L	I	E	Y	J	N	F	Y	N	J	L	N	O	L	O
G	A	I	M	F	Q	B	E	S	T	E	C	I	Ş	E	J
M	M	R	A	L	S	A	K	B	E	C	E	R	I	R	E
D	L	İ	İ	L	T	V	B	U	E	E	Z	G	K	İ	S
I	I	F	U	T	D	S	P	E	V	U	Z	N	L	N	T
V	C	A	Z	F	İ	R	A	Z	R	A	T	H	A	F	O
F	P	R	O	V	A	M	Y	O	Ğ	U	N	L	U	K	R
S	I	G	I	D	A	N	S	Ç	I	L	A	R	D	B	K
D	H	O	R	Y	F	T	F	U	L	D	K	C	P	P	E
I	N	E	D	P	E	Q	T	S	N	C	J	R	R	F	S
R	F	R	U	L	A	S	T	A	N	A	S	Y	C	J	T
E	O	O	S	O	L	O	M	Ü	Z	I	K	U	V	L	R
Z	R	K	D	I	H	I	I	T	T	E	K	N	İ	K	A
E	G	M	P	P	D	R	D	V	V	H	C	Q	R	P	R

ALKIŞ
SANATSAL
BALERİN
BESTECI
KOREOGRAFİ
DANSÇILAR
PROVA
TARZ
ANLAMLI
JEST
ZARİF
BECERI
YOĞUNLUK
KASLAR
MÜZIK
ORKESTRA
SEYIRCI
RİTİM
SOLO
TEKNİK

28 - Adjetivos #1

R	H	H	A	I	M	T	U	G	V	M	F	M	A	Q	A
N	L	A	D	M	I	I	A	Q	I	L	S	R	I	H	R
Q	M	D	Q	C	V	E	T	Q	L	Z	H	F	T	B	O
Z	U	S	R	U	S	U	K	P	M	D	E	E	G	D	M
O	T	R	E	M	Ö	C	V	T	E	Q	D	M	O	U	A
V	L	Z	N	R	E	D	O	M	N	V	K	S	L	S	T
M	A	Ş	A	V	A	Y	Ö	E	Ö	R	H	H	A	I	İ
E	K	D	M	I	N	Q	L	Z	K	P	T	N	S	J	K
R	G	V	A	T	S	Ü	R	Ü	D	J	F	I	T	O	D
H	Q	Z	C	N	J	A	L	Z	Y	E	O	N	A	B	E
P	K	A	O	I	I	S	B	J	E	B	Ş	C	N	Ü	Ğ
C	U	P	K	T	C	K	O	O	A	U	R	E	A	Y	E
M	C	H	H	R	I	Ğ	A	M	M	H	I	M	S	Ü	R
H	L	H	P	O	K	K	I	L	N	A	R	A	K	K	L
Y	F	H	N	K	E	U	H	Z	Q	M	I	V	T	R	I
U	S	F	G	Y	Ç	K	O	B	J	B	F	C	G	H	Y

MUTLAK
HIRSLI
AROMATİK
SANATSAL
ÇEKICI
KOCAMAN
KARANLIK
EGZOTIK
INCE
CÖMERT

BÜYÜK
DÜRÜST
ÖZDEŞ
ÖNEMLI
YAVAŞ
GIZEMLI
MODERN
KUSURSUZ
AĞIR
DEĞERLI

29 - Psicologia

G	S	A	H	U	O	R	A	L	U	G	Y	U	D	Ç	R
E	S	I	H	F	E	M	T	I	T	G	Y	M	Ü	E	A
Ç	T	O	G	E	K	Z	K	L	İ	N	İ	K	Ş	K	N
O	D	K	R	Q	G	L	O	A	S	I	G	I	Ü	I	D
C	S	L	İ	U	Y	Z	R	Y	J	T	P	L	N	Ş	E
U	H	M	G	L	N	N	G	A	S	L	C	I	C	M	V
K	D	Z	Y	F	E	Y	B	H	R	A	B	Ş	E	E	U
L	B	P	V	B	L	R	Z	I	S	Ç	N	I	L	I	B
U	B	M	G	A	E	P	A	G	T	N	S	K	E	D	E
K	Y	I	Q	C	Y	F	Z	L	G	İ	A	Z	R	A	Y
H	T	Q	L	V	B	U	Y	A	C	L	D	F	J	V	K
U	Z	L	K	I	F	M	H	E	G	İ	M	R	S	R	D
S	A	A	C	D	Ş	O	B	R	F	B	Z	S	M	A	C
D	E	Ğ	E	R	L	E	N	D	I	R	M	E	N	N	L
T	E	R	A	P	İ	J	M	I	D	M	P	P	J	I	F
G	E	R	Ç	E	K	L	I	K	C	A	U	P	U	Ş	N

DEĞERLENDIRME
KLİNİK
BILIŞ
DAVRANIŞ
RANDEVU
ÇEKIŞME
EGO
DUYGULAR
BILINÇSIZ
ÇOCUKLUK
ETKİLER
DÜŞÜNCELER
ALGI
KIŞILIK
SORUN
GERÇEKLIK
HIS
HAYAL
BİLİNÇALTI
TERAPİ

30 - Paisagens

J	J	T	B	P	G	N	P	G	F	Y	B	D	S	S	D
R	S	T	P	S	Z	J	I	D	B	A	H	A	V	T	A
C	E	E	H	L	Z	A	T	J	G	R	I	H	E	N	Ğ
Z	Q	O	G	S	E	I	Y	Z	Z	I	Z	I	H	Z	O
I	R	Z	E	T	F	H	N	N	N	M	S	R	D	O	N
D	H	P	D	R	R	C	N	E	I	A	T	L	D	K	N
U	M	G	A	A	Ö	T	H	G	D	D	U	M	Z	Y	P
G	B	A	T	A	K	L	I	K	T	A	N	A	B	A	C
G	Ö	Y	G	S	L	Ö	Ğ	L	L	B	D	Ğ	T	N	N
F	I	L	I	S	L	Ç	A	Z	P	M	R	A	E	U	T
Q	V	O	L	K	A	N	D	V	J	E	A	R	E	S	U
R	S	I	D	U	E	N	Z	J	V	L	L	A	O	K	Z
K	T	Q	V	A	D	I	U	A	A	A	Z	B	C	T	A
N	N	H	P	K	B	K	B	G	L	L	U	Z	U	B	D
F	H	R	U	U	K	T	G	K	T	E	P	E	N	P	A
R	N	T	U	R	Q	E	T	E	K	Ş	T	B	V	T	P

ŞELALE
MAĞARA
TEPE
ÇÖL
BUZUL
KÖRFEZ
BUZDAĞI
ADA
GÖL
DENIZ
DAĞ
VAHA
OKYANUS
BATAKLIK
YARIMADA
PLAJ
NEHIR
TUNDRA
VADI
VOLKAN

31 - Dança

K	O	I	U	G	K	A	D	U	R	U	Ş	N	M	Y	Z
I	O	T	V	F	E	Q	N	P	U	A	G	H	S	H	N
P	T	R	V	K	S	L	B	L	C	D	K	E	A	A	G
R	Z	Ü	E	B	İ	M	E	D	A	K	A	U	N	R	C
O	O	T	C	O	F	A	R	N	N	M	Y	B	A	E	U
V	M	L	A	U	G	Y	U	D	E	Q	L	T	T	K	R
A	U	Ü	M	U	K	R	Y	R	L	K	F	I	I	E	O
M	V	K	P	G	E	T	A	J	C	B	S	L	L	T	R
K	S	L	Z	Q	G	D	Y	F	M	T	D	E	N	Z	T
M	Ü	Z	I	K	Ö	S	B	U	İ	U	V	Ş	L	K	A
R	Q	M	C	M	R	P	Y	T	T	F	E	E	I	L	K
Z	V	D	V	L	S	H	N	Ü	İ	N	L	N	K	A	K
E	S	U	B	A	E	Y	J	L	R	R	H	G	I	S	I
C	C	V	H	Q	L	Y	E	H	D	Y	M	V	R	İ	F
V	Ü	C	U	T	Q	K	H	N	G	T	O	K	M	K	I
D	M	M	Q	S	N	K	Ü	L	T	Ü	R	E	L	L	H

AKADEMİ
NEŞELI
SANAT
KLASİK
KOREOGRAFİ
VÜCUT
KÜLTÜR
KÜLTÜREL
DUYGU
PROVA
ANLAMLI
LÜTUF
HAREKET
MÜZIK
ORTAK
DURUŞ
RİTİM
GELENEKSEL
GÖRSEL

32 - Nutrição

F	E	R	M	A	N	T	A	S	Y	O	N	U	K	P	S
D	A	C	I	L	K	I	L	Ğ	A	S	V	D	P	R	I
K	I	L	R	I	Ğ	A	K	A	L	I	T	E	I	O	V
I	D	K	O	I	Ş	T	A	H	I	B	Z	E	P	T	I
L	A	L	I	Ş	K	A	N	L	I	K	L	A	R	E	L
Ğ	E	G	L	K	Y	Y	İ	Y	U	S	R	C	U	İ	A
A	S	I	E	A	M	O	S	E	Y	K	B	L	G	N	R
S	O	S	G	L	H	Q	K	N	F	A	R	G	B	F	J
E	İ	V	N	O	G	O	O	I	G	A	B	T	T	J	G
Y	N	N	E	R	J	V	T	L	B	Y	T	E	Y	I	D
P	İ	Z	D	İ	F	J	A	E	J	E	Q	Z	S	T	T
U	M	V	M	İ	N	E	L	B	R	C	Z	Z	R	İ	E
O	A	F	U	U	R	E	B	I	R	V	M	E	D	C	N
E	T	O	B	V	I	İ	Q	L	D	G	C	L	E	A	C
Q	İ	C	F	U	H	N	M	I	G	E	P	E	T	O	K
T	V	P	Z	R	C	F	Z	R	I	G	Q	I	G	K	G

ACI
IŞTAH
KALORİ
YENILEBILIR
DIYET
SİNDİRİM
DENGELI
FERMANTASYON
ALIŞKANLIKLAR
SIVILAR
SOS
BESİN
AĞIRLIK
PROTEİN
KALITE
LEZZET
SAĞLIKLI
SAĞLIK
TOKSİN
VİTAMİNİ

33 - Energia

T	Ü	R	B	İ	N	H	J	E	D	I	M	F	N	C	P
N	N	M	J	I	O	U	İ	G	B	T	O	R	K	K	I
Z	Ü	O	I	B	T	P	P	D	I	G	T	İ	A	I	E
H	V	K	C	R	O	K	O	I	R	R	O	L	Y	R	N
E	U	O	L	I	F	A	R	Y	J	O	R	İ	N	L	D
O	B	I	I	E	P	B	T	E	M	G	J	B	D	I	Ü
R	P	N	P	T	E	C	N	L	N	R	J	E	G	L	S
Ü	U	C	U	O	L	R	E	E	K	V	S	N	N	I	T
Z	M	N	S	H	Z	L	N	K	B	B	H	E	İ	K	R
G	V	O	J	H	Q	O	L	T	L	M	M	L	Z	T	I
A	I	R	G	Ü	N	E	Ş	R	L	O	G	İ	N	C	C
R	H	T	I	S	I	O	J	İ	M	I	P	N	E	J	B
Y	A	K	I	T	R	P	B	K	K	E	D	E	B	A	K
F	Z	E	B	K	P	N	E	R	J	K	Y	Y	E	R	M
J	B	L	Z	I	N	J	T	H	A	D	Y	Q	N	M	S
S	Ç	E	V	R	E	U	B	P	Q	K	M	A	Z	O	T

ÇEVRE
PIL
ISI
KARBON
YAKIT
MAZOT
ELEKTRİK
ELEKTRON
ENTROPİ
FOTON

BENZİN
HİDROJEN
ENDÜSTRI
MOTOR
NÜKLEER
KIRLILIK
YENİLENEBİLIR
GÜNEŞ
TÜRBİN
RÜZGAR

34 - Disciplinas Científicas

J	İ	B	O	T	A	N	İ	K	B	L	T	M	L	A	D
S	J	C	L	S	J	N	Z	E	İ	E	E	İ	M	S	İ
K	O	A	F	T	Q	U	T	T	Y	E	R	N	M	T	L
V	L	S	S	K	E	M	K	B	O	U	M	E	A	R	B
İ	O	C	Y	Z	I	S	M	M	L	İ	O	R	R	O	İ
J	R	İ	Z	O	U	M	J	E	O	J	D	A	K	N	L
O	Ö	J	V	R	L	C	Y	F	J	O	İ	L	E	O	İ
L	N	O	J	İ	I	O	A	A	İ	L	N	O	O	M	M
O	F	L	Y	J	B	D	J	Y	H	O	A	J	L	İ	Z
E	K	O	L	O	J	İ	B	İ	M	Y	M	İ	O	H	O
J	I	R	H	L	E	T	U	S	V	İ	İ	B	J	P	O
İ	J	O	L	O	N	Ü	M	M	İ	S	K	P	İ	S	L
C	K	E	S	Y	Z	Q	F	V	T	E	E	O	C	D	O
H	Y	T	S	Z	İ	M	O	T	A	N	A	Y	Y	D	J
D	G	E	O	İ	J	O	L	O	K	İ	S	P	B	İ	İ
Z	V	M	A	F	P	I	A	V	E	K	S	F	O	Z	B

ANATOMİ
ARKEOLOJİ
ASTRONOMİ
BİYOLOJİ
BİYOKİMYA
BOTANİK
KİNESİYOLOJİ
EKOLOJİ
FİZYOLOJİ
JEOLOJİ
İMMÜNOLOJİ
DİLBİLİM
METEOROLOJİ
MİNERALOJİ
NÖROLOJİ
PSİKOLOJİ
KIMYA
SOSYOLOJİ
TERMODİNAMİK
ZOOLOJİ

35 - Meditação

U	D	S	E	S	S	I	Z	L	I	K	I	D	S	V	D
A	P	U	C	D	Z	B	I	N	Q	A	U	U	J	K	Y
K	T	I	R	N	P	J	K	N	V	O	F	Y	M	U	H
I	N	S	R	U	P	U	F	N	G	U	I	G	A	Y	S
L	U	B	A	K	Ş	K	O	G	Z	T	T	U	Ç	A	M
N	L	J	L	Ö	Ğ	R	E	N	M	E	K	L	I	N	I
Y	K	J	K	H	T	V	M	F	E	M	E	A	K	I	N
N	B	L	I	N	A	R	U	P	L	A	P	R	L	K	N
U	S	I	L	B	E	R	C	R	Z	H	S	E	I	Y	E
C	V	I	N	F	P	Z	E	H	Ö	R	R	M	K	N	T
H	B	Z	A	Ğ	O	D	A	K	G	E	E	N	V	B	T
V	K	H	K	V	I	M	B	K	E	M	P	Z	V	A	A
Y	K	E	Ş	R	U	H	A	S	E	T	K	A	P	R	R
M	Ü	Z	I	K	I	D	G	S	P	T	Z	D	B	I	L
Q	F	G	L	D	Ü	Ş	Ü	N	C	E	L	E	R	Ş	I
B	M	T	A	B	P	G	Z	İ	H	İ	N	S	E	L	K

KABUL
UYANIK
ÖĞRENMEK
NEZAKET
AÇIKLIK
MERHAMET
DUYGULAR
MINNETTARLIK
ALIŞKANLIKLAR
ZİHİNSEL
AKIL
HAREKET
MÜZIK
DOĞA
GÖZLEM
BARIŞ
DÜŞÜNCELER
PERSPEKTIF
DURUŞ
SESSIZLIK

36 - Moda

K	D	E	J	O	V	R	O	S	I	V	H	D	U	T	N
I	U	A	H	C	I	A	C	D	M	Y	O	K	R	C	K
T	P	M	N	S	F	Y	Q	S	O	P	A	H	A	L	I
A	U	U	A	T	S	L	A	S	D	R	L	A	S	I	L
R	K	N	H	Ş	E	Z	A	E	E	N	A	V	L	P	I
P	O	I	K	S	B	L	G	B	R	D	G	M	T	S	Y
S	D	A	M	R	A	H	A	T	N	F	F	C	S	E	Q
H	J	H	N	M	B	S	F	L	I	Z	Q	C	İ	J	F
K	M	P	I	F	F	F	J	T	V	A	E	K	L	U	K
M	R	M	A	R	D	B	V	F	Ş	C	E	K	A	T	J
A	M	B	S	B	Q	B	D	V	I	D	R	E	M	G	A
I	P	Ö	E	S	B	U	T	İ	K	Ü	P	V	İ	T	R
R	L	L	H	C	D	P	L	K	A	Ğ	N	Z	N	A	I
H	H	Ç	A	T	J	L	Z	D	N	M	U	L	İ	R	H
P	Z	Ü	F	L	D	I	Z	A	V	E	T	Ü	M	Z	Q
G	O	M	Z	A	R	I	F	N	J	G	U	B	B	L	C

NAKIŞ
DÜĞME
BUTİK
PAHALI
RAHAT
ZARIF
TARZ
ÖLÇÜM
MİNİMALİST
MODERN
MÜTEVAZI
ASIL
PRATIK
DANTEL
KUMAŞ
AKIM
DOKU

37 - Instrumentos Musicais

U	I	D	H	M	F	E	Y	L	V	I	J	E	P	K	P
S	E	A	Q	N	N	F	E	Y	U	Z	B	U	İ	R	K
L	O	F	L	M	H	G	H	G	R	H	E	G	Y	A	A
M	A	R	İ	M	B	A	I	S	M	R	T	C	A	T	M
M	Z	Z	A	O	A	T	G	N	A	M	E	K	N	O	D
P	U	E	D	Ç	E	L	L	O	B	H	P	H	O	U	U
T	H	N	E	A	B	L	N	Z	K	N	M	G	Z	L	F
B	H	S	L	E	V	O	T	I	V	N	O	Ç	N	A	B
T	Z	N	M	E	I	U	Ü	A	A	S	R	P	Z	O	O
U	O	İ	R	C	A	Y	L	S	B	F	T	J	U	A	G
V	H	L	H	J	Z	K	F	E	T	E	G	A	B	D	İ
T	K	O	B	U	A	B	A	T	R	O	M	B	O	N	T
O	O	D	B	J	S	Z	G	K	L	A	R	N	E	T	A
R	F	N	U	V	Q	N	O	F	A	S	K	A	S	Z	R
T	G	A	S	B	N	G	T	P	A	Y	L	N	Z	T	L
G	T	M	E	Y	H	C	B	V	A	C	E	K	J	D	V

MANDOLİN
BANÇO
BAGET
KLARNET
FAGOT
FLÜT
GONG
ARP
MARİMBA
OBUA
TEF
VURMA
PİYANO
SAKSAFON
DAVUL
TROMBON
TROMPET
GİTAR
KEMAN
ÇELLO

38 - Adjetivos #2

E	A	H	Y	Y	V	I	D	G	N	M	J	Y	I	Y	D
I	P	H	A	E	P	F	B	Ü	Z	A	R	I	F	E	E
U	V	V	R	T	I	U	U	Ç	J	G	J	H	A	N	B
J	Z	U	A	E	N	Y	L	L	T	H	A	S	S	I	H
V	M	U	T	N	O	Z	R	Ü	M	U	L	O	P	N	D
A	F	G	I	E	Ü	M	U	S	H	U	L	Z	U	T	O
H	F	I	C	K	N	A	R	A	I	I	R	N	N	K	Ğ
Ş	M	U	I	L	L	B	U	H	O	C	L	O	A	Q	A
İ	N	J	T	I	Ü	P	G	K	V	I	A	Q	S	S	L
O	M	N	F	J	Q	L	P	U	G	Y	M	K	E	A	M
Y	T	O	D	G	O	H	V	R	G	A	R	F	R	Ğ	Y
T	Y	A	Q	V	A	O	Q	U	Q	L	O	Z	E	L	M
B	D	Q	N	E	K	T	E	R	Ü	K	N	P	T	I	Z
O	F	G	Z	T	O	D	C	D	F	I	G	K	N	K	K
F	Q	P	Y	K	I	Y	Q	K	U	Ç	M	P	E	L	F
Y	Q	L	N	U	U	K	F	O	M	A	K	A	J	I	M

OTANTIK
YARATICI
AÇIKLAYICI
YETENEKLI
ZARIF
ÜNLÜ
GÜÇLÜ
ENTERESAN
DOĞAL
NORMAL
YENI
GURURLU
ÜRETKEN
SAF
SICAK
SORUMLU
TUZLU
SAĞLIKLI
KURU
VAHŞİ

39 - Roupas

S	L	R	C	E	Y	L	O	K	V	J	V	J	H	E	Ö
Z	Z	M	U	P	Ş	K	R	S	P	C	J	S	V	L	N
H	T	A	B	I	B	A	K	K	A	Y	A	A	C	D	L
K	E	M	E	R	L	E	R	P	R	Q	K	N	Z	I	Ü
F	K	A	T	R	E	F	E	P	O	N	P	D	C	V	K
I	E	J	U	Y	L	T	J	T	Ç	H	A	A	F	E	E
L	C	İ	T	J	T	O	E	M	A	Y	Ş	L	C	N	E
J	J	P	F	U	J	K	I	K	G	Q	Y	E	V	L	O
P	A	N	T	O	L	O	N	L	E	K	A	T	B	E	P
E	L	B	I	S	E	D	B	N	H	L	K	Y	L	R	A
A	A	C	I	A	K	Y	I	Z	I	C	M	C	U	I	I
M	D	Q	J	C	H	I	L	Q	F	I	E	Ö	Z	H	R
K	A	Z	A	K	T	U	E	I	C	P	P	M	G	L	E
J	G	A	T	J	D	B	Z	V	U	S	Z	O	Z	L	F
H	B	D	Q	S	H	K	I	M	N	B	Z	D	I	Q	O
M	Z	D	D	V	N	Y	K	I	J	F	Z	A	E	K	Z

ÖNLÜK
BLUZ
PANTOLON
GÖMLEK
ŞAPKA
KEMER
KOLYE
CEKET
KOT
EŞARP
ELDIVENLER
ÇORAP
MODA
PİJAMA
BILEZIK
ETEK
SANDALET
AYAKKABI
KAZAK
ELBISE

40 - Herbalismo

L	I	Ş	E	Y	L	R	P	V	E	Ç	S	Q	M	A	K
U	E	S	A	R	I	M	S	A	K	I	A	H	A	I	U
C	Ç	Z	Q	L	R	T	Z	I	İ	Ç	F	Z	Y	Y	F
F	H	U	Z	L	K	U	V	C	K	E	R	D	D	B	Y
Q	A	Z	G	E	B	H	G	M	E	K	A	V	A	B	M
H	B	Y	D	E	T	I	L	A	K	I	N	H	N	E	K
L	J	Q	D	T	A	R	H	U	N	R	K	D	O	I	S
O	G	N	O	A	U	F	K	L	Z	E	M	T	Z	D	T
N	I	F	G	N	L	H	D	Z	H	Ç	A	I	I	I	Y
Q	Ş	P	A	E	E	I	F	A	Q	I	J	Y	Q	B	L
B	İ	B	E	R	İ	Y	E	N	E	Z	E	R	G	A	T
E	N	E	Ğ	E	L	S	E	F	O	H	A	E	R	P	I
M	Ş	I	D	L	A	V	A	N	T	A	M	A	C	O	O
P	İ	A	R	O	M	A	T	İ	K	F	S	H	D	K	Y
O	K	Ş	Ö	K	N	A	C	R	E	M	N	D	V	D	P
Z	N	D	H	R	U	T	P	I	R	G	H	O	C	I	O

SAFRAN
BİBERİYE
SARIMSAK
AROMATİK
FAYDALI
KİŞNİŞ
TARHUN
ÇIÇEK
REZENE
IÇERIK
BAHÇE
LAVANTA
FESLEĞEN
MERCANKÖŞK
BITKI
KALITE
LEZZET
MAYDANOZ
KEKİK
YEŞIL

41 - Arqueologia

K	Q	F	T	K	J	K	C	V	T	D	S	R	E	E	P
E	F	K	Y	D	J	K	J	A	E	A	Ç	R	A	P	J
M	Q	A	A	O	P	Y	S	L	A	Y	P	N	B	P	Z
İ	O	O	K	P	F	T	K	R	H	L	Q	I	C	T	Z
K	S	H	I	H	B	A	Q	A	I	E	K	J	N	A	T
L	Ş	G	M	Q	G	K	E	G	L	İ	S	O	F	A	F
E	U	P	C	N	G	I	P	Q	Ö	I	U	E	F	M	K
R	M	E	Z	I	G	M	D	A	D	P	N	A	M	Z	U
B	L	N	J	O	Z	P	H	L	J	T	F	T	U	I	J
S	U	A	R	A	Ş	T	I	R	M	A	C	I	I	I	R
F	T	M	E	D	E	N	I	Y	E	T	N	P	T	J	F
Ğ	U	K	G	F	S	H	Z	F	C	J	B	E	J	C	B
A	N	A	L	I	Z	L	P	S	K	G	E	Y	S	Y	O
Ç	U	B	I	L	I	N	M	E	Y	E	N	O	E	N	O
D	E	Ğ	E	R	L	E	N	D	I	R	M	E	A	S	E
P	R	O	F	E	S	Ö	R	A	Z	E	M	B	N	N	P

ANALIZ
DEĞERLENDIRME
MEDENIYET
DÖL
BILINMEYEN
TAKIM
ÇAĞ
UZMAN
UNUTULMUŞ
FOSİL
PARÇA
ARAŞTIRMACI
GIZEM
NESNE
KEMİKLER
PROFESÖR
KALINTI
TAPINAK
MEZAR

42 - Agronomia

D	H	J	H	D	B	M	H	P	K	Q	L	T	P	Y	L
D	J	R	A	M	R	I	T	Ş	A	R	A	O	V	P	E
H	Z	M	S	I	I	Q	M	Y	M	V	S	P	E	S	J
B	P	Z	T	R	F	P	M	E	U	P	R	R	H	C	S
Q	E	P	A	A	N	S	A	Z	K	S	I	A	L	B	L
A	O	K	L	T	E	S	D	Y	O	U	K	K	E	Z	J
D	L	O	I	S	Ç	E	K	O	L	O	J	İ	N	O	S
G	C	U	K	H	R	E	M	Ü	Y	Ü	B	D	E	R	M
S	U	O	L	R	G	S	V	T	O	H	U	M	R	G	M
B	B	C	A	I	R	F	E	R	I	H	S	P	J	A	D
T	D	P	R	S	M	H	R	B	E	M	T	A	I	N	I
E	R	O	Z	Y	O	N	B	P	Z	D	C	O	N	İ	Q
Y	V	S	Q	O	P	T	Ü	Q	Y	E	E	G	T	K	F
C	O	B	L	E	I	G	G	M	Z	T	L	J	N	P	Z
B	İ	T	K	İ	L	E	R	I	P	K	A	E	Q	J	F
K	I	R	L	I	L	I	K	B	I	L	I	M	R	P	I

TARIM
ÇEVRE
SU
BILIM
BÜYÜME
HASTALIKLAR
EKOLOJİ
ENERJI
EROZYON
OKUMAK
GÜBRE
SEBZELER
ORGANİK
ARAŞTIRMA
BİTKİLER
KIRLILIK
YAPIM
KIRSAL
TOHUM
TOPRAK

43 - Frutas

P	G	G	O	L	İ	A	U	M	H	A	I	O	H	H	N
P	A	Z	Z	P	N	N	L	İ	M	O	N	K	C	N	E
B	E	P	N	Z	C	A	O	M	A	D	T	G	O	Y	K
F	J	C	A	M	İ	N	E	V	H	T	J	D	A	F	T
P	N	A	Z	Y	R	A	L	T	U	M	R	A	T	N	A
V	A	N	R	N	A	S	M	O	D	A	K	O	V	A	R
P	N	J	E	L	K	A	A	O	U	K	İ	V	İ	P	B
E	T	F	S	Y	F	F	Q	G	D	G	K	U	C	Y	Ö
K	I	R	A	Z	D	U	C	N	U	R	U	T	D	C	Ğ
I	L	S	P	U	U	C	R	A	A	B	F	A	S	T	Ü
L	A	P	I	M	T	G	B	M	D	F	A	U	V	K	R
J	T	P	Z	Y	H	L	T	Ü	H	A	P	N	T	A	T
S	F	O	T	G	A	D	F	Z	O	N	K	A	L	L	L
Z	E	A	S	T	N	K	P	Ü	P	E	A	A	H	R	E
P	Ş	G	G	F	U	U	A	P	S	M	H	F	V	A	N
K	U	V	I	I	A	N	C	A	H	T	Q	Y	H	A	P

AVOKADO
ANANAS
BÖĞÜRTLEN
DUT
MUZ
KIRAZ
KAYISI
İNCİR
AHUDUDU
GUAVA
KİVİ
TURUNCU
LİMON
ELMA
PAPAYA
MANGO
NEKTAR
ARMUT
ŞEFTALI
ÜZÜM

44 - Corpo Humano

R	B	Q	D	T	A	F	N	M	C	Q	R	O	T	C	F
E	J	O	N	I	L	A	K	V	N	J	I	M	N	F	S
S	V	U	Y	C	R	D	B	A	C	A	K	U	F	G	N
M	N	U	R	U	B	S	I	B	S	M	A	Z	H	V	G
E	I	F	V	Q	N	E	E	G	D	B	Ğ	Ö	K	F	Z
I	Y	Q	P	B	A	H	B	K	B	A	I	G	O	C	G
T	E	U	L	A	K	U	L	A	K	Y	Z	H	J	T	Q
G	B	E	A	M	R	Z	E	D	U	A	Y	Q	D	C	F
P	Z	V	K	N	O	M	T	U	U	K	U	Q	P	N	O
Z	Q	C	I	Q	P	C	A	D	D	B	K	M	Z	M	Q
Y	Y	M	T	B	I	N	F	K	J	I	Y	H	C	L	Y
M	A	Q	A	Q	F	D	M	Y	P	L	K	T	I	S	H
C	P	H	A	Q	G	L	Y	C	N	E	B	R	L	U	A
Z	J	B	U	K	T	O	D	I	Z	Ğ	A	C	T	D	K
P	K	A	H	C	Q	K	E	A	E	I	Z	U	B	M	P
C	I	Ş	Ç	E	N	E	Z	J	M	D	L	B	T	D	S

AĞIZ
BAŞ
BEYIN
KALP
DIRSEK
PARMAK
DIZ
DUDAK
EL
BURUN
GÖZ
OMUZ
KULAK
CILT
BACAK
BOYUN
ÇENE
KAN
ALIN
AYAK BILEĞI

45 - Caminhada

N	O	J	M	Y	U	Y	G	O	F	D	O	D	G	A	T
F	U	H	F	Z	Ç	U	A	U	Z	Y	K	B	F	R	L
Y	D	N	O	U	U	R	Y	L	G	E	E	Q	Z	O	T
E	E	G	N	Q	R	N	H	H	A	R	İ	T	A	U	E
F	V	E	O	U	U	R	Q	K	J	P	H	T	V	P	H
S	E	V	Y	T	M	I	L	K	I	M	S	U	A	L	L
E	Z	P	S	O	Y	O	R	G	U	N	O	U	H	A	İ
H	E	K	A	U	T	V	I	S	U	C	D	R	P	Ğ	K
A	S	Q	T	R	P	K	N	P	B	O	L	T	U	I	E
Y	L	U	N	N	K	I	T	N	A	L	P	O	T	R	L
V	K	T	A	O	I	L	Ğ	C	M	L	Q	D	D	Q	E
A	E	G	Y	R	F	R	A	L	Ş	A	T	T	T	H	R
N	B	B	R	U	H	I	D	R	Z	E	P	K	M	M	O
L	E	V	O	D	Q	Z	O	H	I	O	N	A	D	A	I
A	L	Y	D	Z	H	A	Ğ	A	T	D	G	Ü	H	B	S
R	R	V	G	İ	Ş	H	A	V	H	Y	M	S	G	D	D

HAYVANLAR
SU
YORGUN
IKLIM
TOPLANTI
HARİTA
DAĞ
DOĞA
ORYANTASYON
PARKLAR
TAŞLAR
UÇURUM
TEHLİKELER
AĞIR
HAZIRLIK
VAHŞİ
GÜNEŞ
HAVA

46 - Biologia

E	M	B	A	K	T	E	R	İ	P	O	I	I	O	D	B
Y	M	U	Q	L	B	R	N	P	R	Z	V	M	U	I	Q
D	J	B	T	C	Y	C	M	F	O	M	A	E	K	A	Q
N	L	U	R	A	M	Ü	V	G	T	O	I	M	E	L	P
S	Ö	Y	N	İ	S	H	T	Z	E	S	P	E	F	V	P
T	B	R	Y	A	Y	Y	Z	E	İ	I	U	L	R	T	V
V	P	Q	O	B	B	O	O	T	N	I	M	İ	Z	N	E
D	T	I	C	N	S	U	F	N	E	G	N	Ü	R	Ü	S
H	O	R	M	O	N	A	K	E	O	N	M	U	T	Z	L
L	T	D	S	P	A	N	İ	S	J	D	U	J	I	T	D
B	H	C	N	E	J	A	L	O	K	E	V	R	I	M	O
L	A	E	P	C	H	T	F	T	B	S	I	N	I	R	Ğ
E	M	R	J	R	M	O	Z	O	M	O	R	K	H	M	A
R	R	S	Q	P	P	M	O	F	U	E	L	O	A	G	L
I	L	D	M	I	G	İ	S	Y	M	B	İ	O	S	İ	S
S	K	L	E	L	Q	P	Y	P	P	U	B	B	C	L	B

ANATOMİ
BAKTERİ
HÜCRE
KOLAJEN
KROMOZOM
EMBRİYO
ENZİM
EVRIM
FOTOSENTEZ
HORMON
MEMELİ
MUTASYON
DOĞAL
SINIR
NÖRON
OZMOS
PROTEİN
SÜRÜNGEN
SYMBİOSİS
SİNAPS

47 - Beleza

L	Z	U	O	T	L	I	A	V	S	C	A	Y	N	A	T
C	A	Z	I	B	E	D	V	M	P	I	M	N	H	J	E
Y	R	I	F	G	J	D	R	O	T	L	S	I	P	U	E
I	A	F	A	M	A	P	N	F	U	T	Ü	L	M	P	P
M	K	Ğ	Y	L	P	M	A	M	I	C	H	H	T	P	L
A	S	O	L	J	H	V	U	Z	D	R	O	B	K	R	S
K	A	D	R	A	P	Q	N	L	L	Q	A	S	B	B	D
A	M	L	M	V	R	O	Z	I	Z	B	I	Z	Ş	J	Ü
S	K	İ	T	E	M	Z	O	K	V	E	K	L	A	Z	Z
B	I	U	I	H	P	A	K	J	T	H	S	I	M	Q	C
Y	P	I	P	V	T	R	K	N	E	R	T	P	P	J	B
M	U	K	U	D	C	R	R	Y	F	M	İ	E	U	L	B
G	Z	P	H	Z	Y	R	Y	N	A	A	L	Z	A	F	D
Y	Q	O	Q	R	K	U	M	J	R	J	İ	A	N	R	A
D	A	H	Y	U	K	O	K	D	A	Y	S	S	C	P	C
K	İ	N	E	J	O	T	O	F	Z	S	T	H	A	R	P

RUJ
CAZIBE
RENK
KOZMETİK
ZARIF
ZARAFET
AYNA
STİLİST
FOTOJENİK
KOKU
LÜTUF
MAKYAJ
YAĞLAR
CILT
MASKARA
DÜZ
MAKAS
ŞAMPUAN

48 - Água

S	D	O	O	Q	J	F	A	C	E	K	V	F	H	I	D
G	P	V	Q	L	A	K	U	B	B	Z	P	F	J	M	U
D	J	M	M	S	M	L	N	K	O	C	M	D	E	B	Ş
T	Y	D	G	Z	Ş	K	A	S	I	R	G	A	C	B	S
M	T	D	Q	V	A	D	O	N	U	Q	T	N	E	M	F
H	V	A	M	A	L	U	S	G	F	P	M	Z	J	L	M
V	F	L	I	S	R	E	M	U	S	O	N	C	J	G	T
N	B	G	P	S	A	S	S	Q	V	U	E	H	T	M	E
F	U	A	L	R	H	Q	Z	A	T	G	Ö	L	O	S	Y
G	H	L	L	I	U	B	Y	G	N	I	B	O	H	H	Z
S	A	A	A	H	B	L	A	N	A	K	U	P	B	D	Z
N	R	R	R	E	V	C	Ğ	V	T	Y	Z	D	H	U	Y
O	K	Y	A	N	U	S	M	N	O	Z	Z	C	Y	U	Y
D	C	B	C	K	C	J	U	S	D	J	N	E	Z	C	M
J	P	Q	V	R	O	J	R	G	M	M	S	H	R	G	T
E	Q	Z	Q	B	U	H	H	C	J	K	U	N	F	M	E

KANAL
YAĞMUR
DUŞ
BUHARLAŞMA
KASIRGA
DON
BUZ
GAYZER
SEL
SULAMA
GÖL
MUSON
KAR
OKYANUS
DALGALAR
NEHIR
NEM
BUHAR

49 - Ecologia

E	E	F	A	J	Ç	H	T	F	B	E	K	A	Q	B	B
F	A	U	N	A	E	K	O	D	L	Q	Y	Q	K	İ	İ
O	M	B	P	E	Ş	A	P	E	A	O	Y	C	Ü	T	T
O	H	Y	V	A	I	Y	L	N	Ğ	N	R	T	R	K	K
A	E	N	E	H	T	N	U	İ	O	Y	A	A	E	İ	İ
D	O	D	M	M	L	A	L	Z	D	K	L	N	S	L	Ö
D	O	R	F	N	I	K	U	J	N	Y	Ğ	R	E	E	R
G	R	Ğ	S	F	L	L	K	B	F	M	A	B	L	R	T
Ö	L	F	A	C	I	A	K	V	A	E	D	H	H	Q	Ü
N	H	Y	C	P	K	R	K	I	L	K	A	R	U	K	S
Ü	Q	Y	T	Q	B	A	T	A	K	L	I	K	L	F	Ü
L	O	G	J	M	F	G	F	I	A	H	E	I	O	J	E
L	Z	F	H	K	A	P	F	U	Z	H	O	O	K	R	T
Ü	M	Z	K	A	I	O	D	I	Q	P	M	B	U	Q	C
T	U	F	T	V	D	R	G	L	D	F	E	T	D	E	M
H	E	J	L	S	D	I	S	D	Y	M	H	F	C	H	T

IKLIM
TOPLULUK
ÇEŞITLILIK
FAUNA
FLORA
KÜRESEL
DENİZ
DAĞLAR
DOĞAL
DOĞA
BATAKLIK
BİTKİLER
KAYNAKLAR
KURAKLIK
BEKA
BİTKİ ÖRTÜSÜ
GÖNÜLLÜ

50 - Família

Ç	U	Y	H	J	U	J	K	H	A	T	A	A	Y	Ç	K
M	O	H	V	R	Q	U	M	G	C	Z	T	M	O	O	I
J	Y	C	O	L	M	F	R	H	O	Q	A	C	R	C	Z
P	D	O	U	B	A	B	A	E	K	Y	L	A	F	U	K
U	K	Q	G	K	I	K	U	Z	E	N	V	D	J	K	A
H	Z	Y	C	U	L	S	G	L	N	Q	E	L	C	L	R
T	T	K	J	C	K	U	Z	L	N	T	Z	Ğ	P	A	D
M	O	T	Y	O	K	H	K	K	A	Q	I	K	E	R	E
V	R	Q	V	Ç	G	Q	A	R	K	R	K	G	O	Y	Ş
J	U	İ	K	İ	Z	L	E	R	Ü	A	K	Z	L	N	C
H	N	B	V	R	N	E	Ğ	E	Y	K	E	K	R	E	A
B	Ü	Y	Ü	K	B	A	B	A	Ü	C	Z	Z	B	Z	N
I	R	R	I	O	T	M	F	P	B	H	Y	L	F	B	N
F	K	E	R	K	E	K	K	A	R	D	E	Ş	O	D	E
K	A	D	I	N	E	Ş	V	E	B	K	T	M	S	I	G
P	Q	D	Z	O	R	V	I	A	S	I	A	F	M	D	U

ATA
BÜYÜKANNE
BÜYÜK BABA
ÇOCUK
ÇOCUKLAR
KADIN EŞ
KIZ EVLAT
İKİZLER
ÇOCUKLUK
KIZ KARDEŞ
ERKEK KARDEŞ
KOCA
ANNE
TORUN
BABA
KUZEN
YEĞEN
ERKEK YEĞEN
TEYZE
AMCA

51 - Férias #2

H	J	J	L	U	Y	A	H	L	A	B	G	V	I	K	E
E	A	N	D	N	I	A	C	B	V	Z	M	İ	Q	S	N
P	L	R	A	R	B	D	A	Ğ	L	A	R	Z	H	A	E
H	P	K	İ	O	O	C	R	Q	A	L	K	E	U	L	V
I	J	K	D	T	Ş	U	V	A	A	S	I	F	V	O	C
I	N	Y	U	P	A	M	A	D	E	V	L	B	G	L	V
R	F	T	R	O	P	A	S	A	P	D	I	H	I	K	I
F	E	D	E	H	Q	P	Z	U	U	E	C	O	N	K	P
J	B	S	Ç	Z	R	R	M	I	C	N	A	B	A	Y	A
T	P	A	T	A	H	A	Y	E	S	I	M	Y	M	K	P
O	T	E	L	O	D	H	P	T	O	Z	I	Y	İ	Q	A
K	I	S	G	R	R	I	J	A	H	F	Ş	Z	L	C	T
J	C	P	N	S	O	A	R	K	V	C	A	C	A	Y	Z
R	G	C	R	A	S	P	N	S	A	M	T	S	V	U	I
Q	O	B	U	L	L	U	N	İ	V	Y	V	T	A	B	C
F	O	T	O	Ğ	R	A	F	L	A	R	Z	S	H	I	D

HAVALİMANI
HEDEF
YABANCI
FOTOĞRAFLAR
OTEL
ADA
BOŞ
HARİTA
DENIZ
DAĞLAR
PASAPORT
PLAJ
RESTORAN
TAKSİ
ÇADIR
TAŞIMACILIK
SEYAHAT
VİZE

52 - Edifícios

D	A	S	E	P	U	O	R	H	A	Z	H	G	S	Ç	E
L	V	K	T	E	K	R	A	M	R	E	P	Ü	S	A	V
I	I	Q	I	A	N	T	R	N	K	C	K	K	O	D	F
J	H	D	S	K	D	A	A	L	U	K	A	L	E	I	Z
Q	T	U	R	I	I	Y	V	R	L	L	B	U	E	R	Z
S	V	P	E	R	S	İ	U	E	E	G	U	K	Z	T	F
İ	Q	S	V	B	H	T	T	M	L	F	T	O	Ü	K	O
N	D	C	I	A	C	Q	A	E	E	K	B	F	M	P	S
E	P	A	N	F	S	T	R	F	L	B	O	O	K	C	Z
M	N	V	Ü	T	B	V	O	S	Ç	F	Z	B	A	A	U
A	H	A	J	I	G	Z	B	N	İ	P	G	A	R	A	J
D	P	S	T	A	A	J	A	Z	L	S	H	V	F	T	Z
C	Y	E	S	S	U	E	L	Z	İ	F	M	H	M	M	Y
I	Y	R	D	J	A	H	I	R	K	U	M	S	B	D	D
V	K	O	P	A	T	H	A	P	A	R	T	M	A	N	U
Ç	I	F	T	L	I	K	R	A	S	A	T	H	A	N	E

APARTMAN
KALE
AHIR
SİNEMA
ELÇİLİK
OKUL
STADYUM
ÇIFTLIK
FABRIKA
GARAJ
HASTANE
OTEL
LABORATUVAR
MÜZE
RASATHANE
SÜPERMARKET
TİYATRO
ÇADIR
KULE
ÜNIVERSITE

53 - Xadrez

F	Z	L	Z	M	H	T	A	M	Ş	I	R	A	Y	A	B
O	L	B	K	F	Y	C	Y	E	A	Ç	K	M	D	A	E
U	Y	T	E	Y	Z	T	P	H	M	A	L	G	U	P	Y
V	H	U	M	Z	E	J	R	E	P	P	I	K	A	R	A
L	K	C	N	H	A	B	P	U	İ	R	H	R	Y	J	Z
K	C	N	E	B	Z	M	A	U	Y	A	F	Y	S	D	Q
S	B	U	R	L	M	M	A	Y	O	Z	E	R	K	V	Z
G	A	Y	Ğ	A	B	E	F	N	N	N	N	R	B	L	C
S	O	O	Ö	H	L	Y	Z	M	L	P	A	S	I	F	J
Z	I	G	E	V	L	K	M	S	K	R	B	A	P	F	M
G	D	P	Z	Z	R	G	U	J	J	D	B	M	H	K	F
T	Ü	Z	Ü	K	D	G	L	L	E	Ç	I	L	A	R	K
Q	S	T	R	A	T	E	J	İ	R	G	V	P	Y	A	P
Q	F	N	U	B	T	S	A	A	L	O	D	B	I	L	N
Z	C	B	S	K	U	R	B	A	N	O	Z	B	S	Q	O
T	U	R	N	U	V	A	Q	U	B	P	R	F	V	G	B

ÖĞRENMEK
BEYAZ
ŞAMPİYON
YARIŞMA
ZORLUKLAR
ÇAPRAZ
STRATEJİ
OYUNCU
OYUN
RAKIP
PASIF
SIYAH
KRALIÇE
TÜZÜK
KRAL
KURBAN
ZAMAN
TURNUVA

54 - Aventura

S	A	S	M	A	H	Y	E	N	I	V	O	E	A	Ş	I
V	C	T	H	K	L	A	V	Z	Z	N	R	M	R	A	H
Z	D	R	U	D	O	Ğ	Z	F	A	J	A	N	K	Ş	O
L	O	Y	M	G	N	O	K	I	U	K	B	İ	A	I	A
Q	Z	R	N	P	E	D	C	L	R	I	F	Y	D	R	P
T	L	A	L	Ç	N	İ	V	E	S	L	F	E	A	T	S
P	F	L	Z	U	Y	Q	Y	K	N	L	I	T	Ş	I	Z
I	M	K	V	H	K	G	I	I	A	E	Z	K	L	C	D
Y	F	U	D	V	K	Ü	K	L	Ş	Z	E	V	A	I	Y
N	N	L	G	K	T	Z	T	H	D	Ü	G	C	R	F	B
J	N	R	E	P	M	E	A	E	D	G	S	I	N	C	Z
J	F	O	F	T	Z	R	S	T	R	H	E	D	E	F	H
G	Q	Z	Y	T	A	G	R	R	U	A	A	F	S	J	M
Z	F	T	C	O	E	A	I	P	N	M	S	E	V	E	H
S	E	F	E	R	K	H	F	P	V	B	I	E	Y	Y	R
O	L	A	Ğ	A	N	D	I	Ş	I	O	I	C	C	M	S

SEVİNÇ
ARKADAŞLAR
GÜZELLIK
CESARET
ŞANS
ZORLUKLAR
HEDEF
ZORLUK
HEVES
GEZI
OLAĞAN DIŞI
GÜZERGAH
DOĞA
SEFER
YENI
FIRSAT
TEHLIKELI
HAZIRLIK
EMNİYET
ŞAŞIRTICI

55 - Cidade

K	İ	N	İ	L	K	E	S	S	L	F	F	F	S	J	S
J	Ü	B	G	F	V	K	H	İ	I	E	L	E	Z	P	A
J	P	T	Q	O	P	K	I	N	E	I	C	U	Z	E	L
D	Q	E	Ü	H	O	J	H	E	Z	Ü	M	U	L	R	O
P	Y	N	J	P	G	Y	F	M	U	Y	D	A	T	S	N
I	A	C	D	S	H	Z	P	A	K	D	V	K	T	B	C
H	C	Z	S	C	E	A	Q	Q	D	C	R	N	İ	L	Z
M	V	I	A	L	Z	U	N	M	Y	E	Y	A	Y	R	Q
A	E	N	A	R	O	T	S	E	R	L	S	B	A	M	G
S	Ü	P	E	R	M	A	R	K	E	T	U	B	T	T	E
O	A	J	N	G	A	L	E	R	İ	T	O	I	R	T	L
T	Q	S	B	I	E	C	Z	A	N	E	K	N	O	V	G
E	P	M	M	F	R	M	Z	J	M	B	U	R	R	S	C
L	A	L	I	P	Z	I	N	A	M	İ	L	A	V	A	H
Ç	İ	Ç	E	K	Ç	İ	F	K	İ	T	A	P	Ç	I	U
Ü	N	I	V	E	R	S	I	T	E	J	C	K	T	U	S

HAVALİMANI
BANKA
KÜTÜPHANE
SİNEMA
KLİNİK
OKUL
STADYUM
ECZANE
ÇİÇEKÇİ
GALERİ

OTEL
KİTAPÇI
PAZAR
MÜZE
FIRIN
RESTORAN
SALON
SÜPERMARKET
TİYATRO
ÜNİVERSİTE

56 - Música

Q	Ş	H	M	Y	E	N	S	T	R	Ü	M	A	N	B	C
Y	H	İ	J	B	E	G	C	L	İ	R	İ	K	O	I	J
Q	I	C	İ	M	İ	K	R	O	F	O	N	Q	K	L	L
A	C	B	R	R	E	K	L	E	K	T	İ	K	T	K	F
F	I	Y	P	İ	S	V	B	I	A	S	L	U	S	R	M
L	K	B	F	T	T	E	N	A	Z	G	R	K	I	Q	B
U	R	B	D	H	I	İ	L	A	K	İ	Z	Ü	M	U	E
D	A	İ	Q	L	Y	R	M	U	R	O	P	N	H	P	T
P	Ş	O	T	R	A	R	E	P	O	P	M	E	T	C	B
G	U	J	T	M	K	T	A	M	R	J	N	Y	M	O	E
Q	J	L	Z	C	İ	Q	L	E	O	G	M	S	Q	V	T
H	C	H	T	I	S	K	B	P	K	F	Q	İ	B	F	V
T	O	F	C	B	A	N	Ü	K	P	K	K	Z	V	K	O
E	O	İ	D	O	L	E	M	S	M	N	S	Ü	P	N	K
D	D	B	H	B	K	H	M	S	S	T	Y	M	V	N	A
O	I	E	F	F	A	A	M	A	L	Ç	A	Ğ	O	D	L

ALBÜM
ŞARKICI
KLASİK
KORO
EKLEKTİK
KAYIT
AHENK
DOĞAÇLAMA
ENSTRÜMAN
LİRİK
MELODİ
MİKROFON
MÜZİKAL
MÜZİSYEN
OPERA
ŞİİRSEL
RİTİM
RİTMİK
TEMPO
VOKAL

57 - Matemática

Y	T	U	Ş	O	K	T	U	F	H	R	Ç	P	F	C	A
A	O	U	J	I	U	A	N	İ	R	T	E	M	İ	S	H
R	P	U	M	A	G	D	U	F	I	I	V	J	H	H	Ü
I	L	O	E	I	Ç	Z	B	U	S	K	R	D	E	A	I
Ç	A	V	L	A	İ	I	I	F	E	N	E	G	K	O	Ç
A	M	A	K	A	R	E	L	Q	K	E	Z	B	P	D	U
P	O	U	N	G	T	A	T	A	T	G	K	T	C	O	L
C	T	Q	E	C	E	O	L	M	R	Ç	Q	M	Y	O	R
N	U	N	D	Y	M	H	K	I	K	Ü	L	H	J	K	U
Ç	A	P	M	K	O	Q	J	C	Y	Q	N	I	Q	R	N
S	T	R	J	I	E	K	S	A	A	A	O	P	O	T	M
Q	M	I	R	A	G	Q	I	H	A	H	S	N	T	Z	J
F	H	D	I	K	D	Ö	R	T	G	E	N	A	C	H	O
A	Q	Y	S	P	A	R	A	L	E	L	K	E	N	A	R
G	C	N	A	V	U	Y	F	A	V	F	A	U	S	K	B
O	N	D	A	L	I	K	İ	T	E	M	T	İ	R	A	Q

ARİTMETİK
AÇILAR
ONDALIK
ÇAP
DENKLEM
ÜS
KESIR
GEOMETRİ
SAYILAR
KOŞUT
PARALELKENAR
ÇEVRE
ÇOKGEN
KARE
YARIÇAP
DIKDÖRTGEN
SİMETRİ
TOPLAM
ÜÇGEN
HACIM

58 - Saúde e Bem Estar #1

N	U	Q	V	E	A	L	I	Ş	K	A	N	L	I	K	E
U	Z	Z	İ	Y	Ü	K	S	E	K	L	I	K	V	I	C
T	S	Ş	L	M	I	P	K	I	V	N	E	L	A	L	Z
F	E	U	A	M	A	L	T	A	H	A	R	C	D	Ç	A
Z	I	R	Ç	S	C	L	C	L	F	F	O	P	E	A	N
U	Y	U	A	S	I	S	F	N	I	K	T	E	T	Q	E
B	M	D	N	P	C	G	T	R	S	C	K	H	V	M	S
E	J	Z	R	O	İ	D	A	Z	S	E	O	U	R	G	A
I	O	G	M	R	U	U	F	E	Z	J	D	K	K	R	Z
C	E	Q	K	E	Y	S	İ	N	İ	R	L	E	R	E	B
N	I	S	Z	L	J	U	K	O	Y	J	I	R	D	F	A
Z	G	D	H	K	N	S	L	M	L	D	D	A	K	L	G
Y	I	O	P	İ	I	Ü	O	R	R	V	R	Z	N	E	R
M	F	Q	B	M	I	R	R	O	G	B	N	N	K	K	E
B	A	K	T	E	R	İ	I	H	J	M	L	B	I	S	Z
K	G	I	P	K	J	V	O	K	İ	N	İ	L	K	T	N

YÜKSEKLIK
ETKIN
BAKTERİ
KLİNİK
DOKTOR
ECZANE
AÇLIK
KIRIK
ALIŞKANLIK
HORMON
İLAÇ
SİNİRLER
KEMİKLER
CILT
DURUŞ
REFLEKS
RAHATLAMA
TERAPİ
TEDAVI
VİRÜS

59 - Natureza

D	O	N	A	E	T	V	J	Q	F	K	O	M	C	J	H
Y	A	T	Q	P	H	A	T	B	V	N	E	V	T	D	A
Y	H	Ğ	U	T	P	H	P	L	Y	P	A	F	E	İ	Y
V	F	R	L	Ö	Ç	Ş	K	I	T	K	R	A	M	N	V
P	T	L	R	A	C	İ	I	K	K	S	T	V	U	A	A
O	K	S	U	M	R	A	L	R	A	F	E	P	G	M	N
T	C	M	Z	G	K	İ	L	L	İ	Ş	E	Y	B	İ	L
B	U	Z	U	L	F	T	E	R	O	Z	Y	O	N	K	A
T	V	G	H	L	G	A	Z	L	I	G	F	N	İ	A	R
R	Y	Z	Y	A	Q	Y	Ü	R	K	H	K	Q	K	N	I
O	J	B	O	I	R	A	G	Q	K	M	E	O	A	I	J
P	P	H	O	R	A	H	S	B	U	I	V	N	S	R	B
İ	N	I	P	Z	M	E	C	L	G	C	M	Z	F	A	A
K	C	O	Q	Q	S	A	E	C	J	N	U	Z	J	B	D
A	U	U	Z	J	İ	L	N	B	U	L	U	T	L	A	R
L	P	F	G	L	S	D	Q	O	U	R	O	L	V	N	R

ARLAR
HAYVANLAR
ARKTIK
GÜZELLIK
ÇÖL
DİNAMİK
EROZYON
ORMAN
YEŞİLLİK
BUZUL
DAĞLAR
SİS
BULUTLAR
HUZURLU
NEHIR
BARINAK
VAHŞİ
SAKİN
TROPİKAL
HAYATİ

60 - A Empresa

Q	P	J	D	J	R	V	T	Y	M	Q	V	L	C	P	G
K	R	A	L	K	A	N	Y	A	K	U	Y	F	S	N	Q
A	O	T	R	P	U	D	A	Y	V	K	P	V	U	Y	I
L	F	C	H	M	D	N	P	C	Q	F	U	P	B	U	K
I	E	F	Q	J	O	D	E	G	B	P	P	Z	V	Ş	F
T	S	V	E	H	A	F	L	E	N	D	Ü	S	T	R	I
E	Y	U	M	U	N	U	S	K	A	R	A	R	V	Q	Ç
K	O	K	I	L	I	S	A	L	O	T	P	J	E	E	K
Ü	N	Ü	R	Ü	I	C	V	I	B	R	J	Y	P	S	I
R	E	K	I	Y	L	L	I	E	T	U	M	N	J	O	L
E	L	Y	T	L	I	C	E	T	K	U	L	T	A	J	I
S	F	G	A	O	H	Y	A	R	A	B	I	T	I	G	N
E	C	J	Y	U	Z	J	F	D	L	R	F	V	R	E	E
L	D	I	S	Q	G	D	V	I	I	E	A	U	B	L	Y
S	D	R	İ	S	K	L	E	R	Z	J	M	Y	Z	I	Y
B	İ	R	İ	M	L	E	R	S	D	V	U	E	C	R	Z

SUNUM
YARATICI
KARAR
IŞ
KÜRESEL
ENDÜSTRI
YENILIKÇI
YATIRIM
OLASILIK

ÜRÜN
PROFESYONEL
ILERLEME
KALITE
GELIR
KAYNAKLAR
ITIBAR
RİSKLER
BİRİMLER

61 - Doença

Y	I	V	F	Q	K	F	M	O	R	D	N	E	S	N	R
I	J	G	V	T	N	B	U	R	E	B	M	O	L	Ö	B
C	K	F	R	N	O	A	N	H	L	V	J	M	M	R	H
N	O	C	M	V	M	K	U	A	K	U	T	V	Y	O	Z
L	Z	A	Y	I	F	T	L	P	İ	İ	Q	N	S	P	C
V	B	S	E	C	Y	E	O	N	M	S	T	R	G	A	H
K	A	L	P	I	E	R	S	B	E	M	N	E	B	T	N
I	E	A	A	Ş	K	İ	I	H	K	S	R	L	N	İ	C
L	Z	S	H	A	R	Y	V	Ü	C	U	T	İ	U	E	C
Ğ	J	T	İ	L	O	E	Q	T	H	Y	F	J	F	J	G
A	T	I	T	U	N	L	G	B	I	I	A	R	J	P	K
S	H	L	L	B	İ	P	A	R	E	T	A	E	K	B	A
H	H	A	İ	R	K	P	O	P	T	Q	Q	L	Y	Z	B
P	Y	K	S	I	I	J	S	O	V	D	A	A	Z	B	B
C	K	Y	A	F	B	A	Ğ	I	Ş	I	K	L	I	K	O
P	A	T	O	J	E	N	L	E	R	M	G	P	S	Y	A

AKUT
ALERJİLER
BAKTERİYEL
BULAŞICI
KALP
VÜCUT
KRONİK
ZAYIF
GENETİK
KALITSAL
BAĞIŞIKLIK
İLTİHAP
LOMBER
NÖROPATİ
KEMİKLER
PATOJENLER
SOLUNUM
SAĞLIK
SENDROM
TERAPİ

62 - Aquecimento Global

V	U	K	C	J	U	H	M	I	P	V	L	Ç	D	T	N
V	H	S	I	Z	E	I	J	Z	J	Q	A	E	A	K	Ü
E	E	A	M	E	U	Q	P	C	H	Z	F	V	O	E	F
Ş	K	E	U	Z	J	M	F	Z	L	E	I	R	A	V	U
Q	I	E	F	V	C	G	U	O	A	N	P	E	J	Y	S
Z	T	M	T	Z	E	M	Ş	I	L	E	G	S	Q	M	O
H	K	I	D	A	N	D	N	C	E	K	A	E	F	E	M
E	R	L	U	I	D	A	R	E	K	U	C	L	L	V	I
J	A	K	J	V	Ü	N	E	S	İ	L	L	E	R	Z	A
V	C	I	N	J	S	G	E	L	E	C	E	K	Z	U	O
R	H	A	L	D	T	E	M	Ü	K	Ü	H	E	Z	A	A
I	B	N	I	T	R	C	T	L	L	S	R	N	Z	T	G
H	M	V	Y	R	I	R	U	V	E	R	I	E	F	Z	D
U	L	U	S	L	A	R	A	R	A	S	I	R	P	Q	C
V	S	R	L	K	R	I	Z	E	E	L	D	J	E	N	V
S	Z	L	R	A	L	K	I	L	K	A	C	I	S	E	Z

ŞIMDI
ÇEVRESEL
ARKTIK
IKLIM
KRIZ
VERI
GELIŞME
ENERJI
GELECEK
GAZ
NESİLLER
HÜKÜMET
ENDÜSTRI
ULUSLARARASI
MEVZUAT
NÜFUS
SICAKLIKLAR

63 - Aviões

Y	A	T	M	O	S	F	E	R	O	T	O	M	O	V	J
T	Ü	I	Z	T	L	P	P	P	H	T	U	V	C	E	K
L	Z	K	P	P	U	İ	K	E	M	R	İ	Ş	İ	Ş	M
J	Ü	G	S	C	V	L	L	R	O	E	D	B	J	I	Ü
E	Y	M	P	E	B	O	O	V	S	C	L	S	P	H	R
U	K	T	M	F	K	T	L	A	G	B	G	O	N	A	E
C	Ö	U	C	R	C	L	S	N	A	L	Ü	B	R	Ü	T
O	G	J	U	B	G	Y	I	E	R	T	G	N	Z	M	T
D	U	H	I	R	A	T	I	K	A	Y	U	C	G	R	E
M	M	M	İ	U	Y	Ö	N	J	K	Y	O	L	C	U	B
O	E	A	P	D	Q	U	P	E	I	P	A	Y	E	N	A
B	F	P	C	B	R	N	T	D	M	U	H	F	S	Q	T
S	S	I	O	E	A	O	I	N	I	Ş	M	J	O	T	R
N	D	U	Z	A	R	L	J	C	R	I	M	K	J	U	A
Y	H	A	V	A	N	A	M	E	T	B	M	M	U	R	G
U	I	P	I	I	J	B	N	S	N	D	K	K	V	P	B

RAKIM
YÜKSEKLIK
HAVA
ATMOSFER
MACERA
BALON
GÖKYÜZÜ
YAKIT
YAPI
INIŞ
YÖN
PERVANE
HİDROJEN
TARIH
ŞİŞİRMEK
MOTOR
YOLCU
PİLOT
MÜRETTEBAT
TÜRBÜLANS

64 - Tipos de Cabelo

H	K	N	K	S	P	I	K	N	J	F	P	A	K	C	K
Y	G	E	H	A	S	I	K	U	D	K	A	Z	I	D	A
U	H	H	J	G	L	J	E	Z	R	T	R	O	V	T	K
M	N	Y	V	J	E	I	C	U	Y	U	L	D	I	D	P
U	I	E	B	K	K	G	N	G	L	O	A	C	R	A	C
S	A	R	I	Ş	I	N	I	R	Y	S	K	E	C	L	B
L	U	H	P	Q	S	E	L	İ	L	Y	L	Y	I	G	H
Q	D	I	Q	C	P	R	R	A	F	V	G	Z	K	A	V
U	P	Y	T	E	F	E	P	G	Ü	M	Ü	Ş	G	L	L
H	S	H	I	G	J	V	Q	İ	L	K	N	E	R	I	A
F	S	I	V	Z	Z	H	K	J	Ü	B	E	Y	A	Z	A
F	Q	A	Y	J	E	A	C	Ü	G	R	Ö	S	F	G	T
Y	K	E	S	A	V	K	U	A	R	F	D	F	G	R	G
S	N	Q	Q	C	H	H	A	Y	Ö	I	S	Y	Y	E	C
Y	U	M	U	Ş	A	K	S	S	A	Ğ	L	I	K	L	I
H	U	R	G	U	C	I	J	Z	L	M	L	F	A	B	V

BEYAZ
PARLAK
KEL
GRİ
RENKLİ
KISA
KIVIRCIK
INCE
KALIN
SARIŞIN
UZUN
KAHVERENGI
DALGALI
GÜMÜŞ
SIYAH
SAĞLIKLI
KURU
YUMUŞAK
ÖRGÜLÜ
ÖRGÜ

65 - Formas

E	I	O	E	L	İ	P	S	A	S	G	S	Y	E	T	K
A	Q	M	V	K	R	E	Ç	O	K	G	E	N	Q	M	P
S	E	R	I	A	D	G	N	S	T	J	J	K	G	O	Z
Y	R	T	I	R	L	H	R	K	J	J	S	K	V	J	E
Y	Ü	S	I	I	B	T	İ	M	A	R	İ	P	P	D	J
R	K	Z	R	S	S	B	D	P	K	J	C	Ü	P	J	R
K	O	N	İ	J	Y	R	N	D	E	Ş	Ö	K	M	H	G
R	V	E	V	L	Z	J	İ	T	S	R	V	I	K	C	D
U	N	G	T	D	C	L	L	Q	B	D	B	T	E	U	R
U	E	T	I	F	P	R	İ	Z	M	A	F	O	T	Z	O
Z	S	R	F	G	A	N	S	M	M	G	S	U	L	L	R
U	D	Ö	M	G	H	H	H	S	G	A	Q	E	R	A	K
F	N	D	M	G	H	S	C	Q	G	Z	F	Ğ	K	Y	I
C	A	K	H	Y	Y	I	C	L	E	Q	Q	R	U	R	G
K	S	I	V	Y	Q	A	Y	F	T	I	E	I	Y	D	B
B	H	D	A	R	K	I	N	E	G	Ç	Ü	D	Z	N	G

ARK
KÖŞE
SİLİNDİR
DAIRE
KONİ
KÜP
EĞRI
ELİPS
KÜRE
HİPERBOL
YAN
SIRA
OVAL
PİRAMİT
ÇOKGEN
PRİZMA
KARE
DIKDÖRTGEN
ÜÇGEN

66 - Dias e Meses

L	Y	U	S	H	O	K	E	F	T	A	D	U	P	P	U
J	A	Ğ	U	S	T	O	S	U	A	M	U	C	E	F	S
Y	P	E	R	Ş	E	M	B	E	K	N	Y	N	Y	C	N
S	I	P	N	I	S	A	L	I	V	Q	F	S	L	U	G
V	E	N	U	O	E	P	E	J	I	P	T	U	Ü	L	Y
T	K	A	S	I	M	I	N	S	M	H	A	F	L	P	K
A	J	G	R	A	C	H	M	A	U	S	B	R	O	D	H
B	R	C	U	M	A	R	T	E	S	I	M	T	C	U	V
U	E	A	V	H	A	Z	I	R	A	N	N	D	A	L	S
Ş	U	V	L	I	Y	H	A	F	T	A	J	I	K	Z	V
P	O	T	Y	I	S	E	T	R	A	Z	A	P	S	G	I
T	A	P	M	I	K	E	D	Y	O	U	R	B	Q	A	G
B	C	Z	T	T	F	Z	E	M	A	M	G	I	V	D	N
N	B	U	A	G	Z	G	K	S	B	M	A	O	C	N	L
H	F	K	C	R	O	E	O	G	I	E	B	A	V	A	J
N	T	N	Y	L	I	F	Q	I	C	T	D	O	G	D	Q

NISAN
AĞUSTOS
YIL
TAKVIM
ARALIK
PAZAR
ŞUBAT
OCAK
TEMMUZ
HAZIRAN
AY
KASIM
EKIM
PERŞEMBE
CUMARTESI
PAZARTESI
HAFTA
EYLÜL
CUMA
SALI

67 - Saúde e Bem Estar #2

C	V	D	G	C	N	Z	Z	I	H	P	D	H	K	E	M
Q	İ	V	S	P	O	S	H	F	R	B	L	J	K	A	G
I	T	P	A	I	Y	Y	A	M	R	A	T	R	U	K	N
Ş	A	B	K	E	I	Y	S	H	A	S	T	A	L	I	K
T	M	I	S	L	S	O	T	P	Q	G	U	E	Z	L	İ
A	İ	L	J	T	K	N	A	H	S	S	C	E	U	R	T
H	N	K	M	E	E	Q	N	Z	I	H	Ü	N	S	I	E
G	İ	I	I	Y	F	N	E	P	P	J	V	I	U	Ğ	N
A	L	L	Z	P	N	Y	E	E	E	Y	Y	N	S	A	E
F	H	Ğ	Y	Z	E	R	S	R	V	Z	P	E	T	V	G
B	U	A	N	A	T	O	M	İ	J	K	F	I	N	N	F
O	Y	S	D	I	Y	E	T	J	H	I	A	M	S	M	U
J	R	S	O	F	P	M	İ	R	İ	D	N	İ	S	A	V
K	C	R	L	U	Q	S	K	E	H	H	K	V	V	S	A
Y	N	K	O	Z	İ	R	O	L	A	K	S	B	Q	A	H
C	D	J	E	N	Q	F	M	A	L	Z	Q	D	J	J	U

ALERJİ
ANATOMİ
IŞTAH
KALORİ
VÜCUT
SUSUZLUK
DIYET
SİNDİRİM
HASTALIK
ENERJI
GENETİK
HIJYEN
HASTANE
ENFEKSIYON
MASAJ
AĞIRLIK
KURTARMA
KAN
SAĞLIKLI
VİTAMİNİ

68 - Geografia

Y	A	R	I	M	K	Ü	R	E	B	G	K	J	E	G	P
Y	A	Y	N	Ü	D	Z	E	O	O	Ü	I	A	F	K	K
T	D	S	K	E	V	Q	F	Z	Y	N	T	C	K	O	V
A	A	T	T	A	G	Q	Z	E	L	E	A	N	B	Z	G
T	T	U	H	I	Q	Z	L	B	A	Y	B	A	T	I	D
L	D	T	N	A	A	R	N	S	M	I	K	A	R	N	D
A	J	V	A	B	R	Q	F	G	D	H	V	E	Z	E	A
S	Y	O	V	I	O	İ	L	M	P	R	I	E	V	D	Ğ
Y	U	Y	P	D	B	H	T	T	U	I	D	K	H	E	Z
B	K	N	E	V	G	Z	O	A	O	M	Z	R	L	F	D
E	V	Q	A	S	Q	Z	M	U	B	S	Q	A	A	D	M
F	I	N	E	Y	D	İ	R	E	M	N	R	C	J	V	K
M	H	Y	E	D	K	K	U	Z	E	Y	U	K	R	V	K
J	I	L	K	H	N	O	B	H	L	B	Ö	L	G	E	H
Y	I	G	L	L	I	Z	E	Z	N	Z	K	E	N	T	V
R	N	M	Ü	J	T	R	A	I	E	K	T	C	I	O	S

RAKIM
ATLAS
KENT
KITA
YARIMKÜRE
ADA
ENLEM
BOYLAM
HARİTA
DENIZ
MERİDYEN
DAĞ
DÜNYA
KUZEY
OKYANUS
BATI
ÜLKE
NEHIR
GÜNEY
BÖLGE

69 - Antártica

S	E	F	E	R	L	N	E	A	D	A	M	I	R	A	Y
T	O	Z	M	Q	C	S	G	R	M	K	C	H	B	L	R
J	B	L	C	D	P	P	R	A	V	A	Q	E	H	D	K
L	Y	Y	I	Z	T	A	H	Ş	E	E	S	L	R	D	M
P	E	N	G	U	E	N	Q	T	B	D	Ç	V	R	C	K
N	T	B	Q	E	F	P	K	I	L	A	Y	A	K	S	Z
M	C	G	Ö	Ç	K	F	Z	R	E	H	H	N	I	B	U
V	H	R	R	K	O	Y	M	M	S	R	T	P	L	U	T
C	A	R	N	L	K	Y	H	A	M	Q	K	E	K	Z	C
I	U	P	C	G	Q	I	R	C	I	K	I	T	A	U	I
O	L	P	R	A	L	A	N	I	L	A	B	V	C	L	R
N	Q	R	Z	K	A	P	Z	R	I	F	Z	R	I	L	C
A	D	A	L	A	R	B	U	Z	B	H	H	T	S	A	G
T	O	P	O	Ğ	R	A	F	Y	A	U	D	U	D	R	A
K	O	R	U	M	A	Y	F	A	R	Ğ	O	C	V	I	Y
M	İ	N	E	R	A	L	L	E	R	R	D	G	D	T	B

ÇEVRE
SU
KOY
BALINALAR
BILIMSEL
KORUMA
KITA
SEFER
BUZULLAR
BUZ
COĞRAFYA
ADALAR
ARAŞTIRMACI
GÖÇ
MİNERALLER
YARIMADA
PENGUEN
KAYALIK
SICAKLIK
TOPOĞRAFYA

70 - Flores

E	F	Q	K	K	Y	L	Ü	G	H	I	M	P	E	Y	K
U	D	G	H	U	H	E	Ş	A	H	Ş	A	H	B	A	A
D	Q	V	V	H	D	Y	Q	V	K	O	N	T	E	S	R
O	R	K	İ	D	E	L	P	P	T	A	O	V	G	E	A
C	Q	A	Ğ	Y	V	A	R	L	H	A	L	Q	Ü	M	H
S	Q	R	E	H	O	K	O	M	U	G	Y	U	M	İ	İ
L	T	P	Ç	V	S	N	T	H	Z	M	A	D	E	N	N
P	N	A	İ	S	M	E	C	U	J	B	E	R	C	Q	D
A	O	Y	Ç	İ	B	V	G	A	B	C	U	R	İ	S	İ
Q	H	D	Y	G	A	R	D	E	N	Y	A	K	I	O	B
V	R	K	A	R	Z	A	M	B	A	K	Y	I	E	A	A
Y	T	N	I	E	B	J	J	Q	P	P	T	Y	L	T	M
U	H	V	D	N	Y	K	J	A	U	Q	A	A	A	O	H
C	G	Y	F	S	R	E	M	R	G	S	P	K	L	G	K
L	A	V	A	N	T	A	P	Y	F	K	A	A	T	U	P
G	O	Z	A	E	N	N	L	U	V	U	P	Ş	K	U	R

BUKET
KARAHİNDİBA
GARDENYA
AYÇİÇEĞİ
EBEGÜMECİ
YASEMİN
LAVANTA
LEYLAK
ZAMBAK
MANOLYA
PAPATYA
NERGİS
ORKİDE
HAŞHAŞ
ŞAKAYIK
YAPRAK
PLUMERIA
GÜL
YONCA
LALE

71 - Fazenda #1

G	O	R	S	T	P	S	I	I	F	Q	K	B	D	I	N
O	Ü	J	M	İ	N	E	K	S	Z	Z	L	Z	Z	K	O
L	C	B	I	İ	B	Z	B	A	R	F	S	Y	E	L	C
S	T	F	R	D	O	L	I	N	E	E	Q	H	T	Q	Z
I	E	P	A	E	T	C	B	P	L	C	B	A	C	P	J
R	U	K	T	K	S	C	V	P	P	V	E	A	C	A	F
A	R	U	P	Z	U	M	O	D	O	L	Y	F	Z	H	I
E	L	V	M	D	P	D	O	M	P	B	D	C	G	M	U
K	A	A	Ç	H	R	A	U	L	Q	C	F	R	M	P	R
E	B	T	N	P	O	A	N	C	E	A	U	H	L	M	G
P	C	I	I	Ğ	A	Z	U	B	J	G	A	N	M	P	J
Ö	E	I	R	G	G	S	K	Y	V	S	C	T	F	R	F
K	E	Ç	I	Y	R	Ü	A	T	S	B	P	V	C	B	Z
E	D	J	P	P	A	R	E	T	G	Z	A	Z	S	E	Q
Ş	Ç	I	T	Y	K	Ü	M	U	C	Q	T	I	Z	M	Z
E	Y	U	G	Z	U	P	S	A	M	A	N	S	O	Y	L

ARI
TARIM
PIRINÇ
SU
BUZAĞI
EŞEK
KEÇI
ALAN
AT
KÖPEK

ÇIT
KARGA
SAMAN
GÜBRE
TAVUK
KEDİ
BAL
DOMUZ
SÜRÜ
İNEK

72 - Livros

G	T	F	B	M	K	Y	B	V	V	D	Q	M	Y	T	S
N	R	N	C	D	G	N	A	T	S	E	D	F	A	B	A
D	N	O	B	K	K	C	Ğ	C	N	K	A	J	R	Y	Y
A	U	P	U	G	F	U	L	M	P	V	M	L	A	L	F
R	T	N	N	Y	C	C	A	İ	Ü	Q	M	M	T	A	A
S	O	E	Q	V	A	U	M	L	K	Ş	B	R	I	N	H
L	J	P	F	R	U	Y	E	İ	Y	İ	I	K	C	L	I
T	I	Y	R	M	V	U	T	G	Ö	O	L	I	I	A	Q
Y	N	O	Y	I	S	K	E	L	O	K	S	İ	R	T	V
E	P	N	A	U	K	O	O	İ	M	İ	K	K	K	I	H
D	Y	A	Z	I	L	I	C	T	A	J	C	O	G	C	R
E	H	M	D	E	I	U	C	A	C	A	P	M	E	I	G
B	O	O	J	Q	R	K	G	R	E	R	L	D	K	P	A
Î	I	R	A	Z	A	Y	M	İ	R	T	J	I	I	H	C
K	A	R	A	K	T	E	R	H	A	O	T	S	Z	Z	Y
J	N	Q	D	O	G	K	P	D	T	G	T	V	A	V	I

YAZAR
MACERA
KOLEKSIYON
BAĞLAM
İKİLİK
YAZILI
DESTAN
ÖYKÜ
TARİH
YARATICI
OKUYUCU
EDEBÎ
ANLATICI
SAYFA
KARAKTER
ŞIIR
İLGİLİ
ROMAN
DIZI
TRAJİK

73 - Chocolate

V	P	F	F	A	V	O	R	I	L	T	A	T	A	P	L
P	B	R	K	I	R	E	Ç	I	K	A	R	A	M	E	L
F	Y	N	T	C	U	Q	C	B	U	R	R	A	Z	V	A
G	O	Y	N	A	D	İ	S	K	O	İ	T	N	A	T	H
Ş	E	K	E	R	T	S	Y	E	A	F	E	A	J	K	Z
L	E	Z	Z	E	T	Q	U	M	K	A	N	Z	E	Y	O
N	B	B	F	C	E	K	J	E	A	L	V	J	E	G	L
S	R	T	S	V	U	G	A	Y	K	V	C	J	M	I	O
R	R	F	A	T	B	K	Z	L	P	E	K	M	H	L	N
S	Z	B	E	M	M	A	S	O	I	O	P	L	H	E	L
Z	Y	Z	H	K	B	L	H	E	T	T	Q	J	R	Z	S
A	R	O	M	A	V	O	L	A	R	I	E	J	U	Z	R
T	U	O	A	P	V	R	T	Q	B	U	K	Z	Q	E	S
J	U	S	V	C	U	İ	O	D	V	D	D	D	L	T	N
N	M	A	H	E	Q	H	Z	B	K	I	C	M	Y	L	I
I	K	A	A	Y	A	B	L	U	F	Y	P	U	R	I	B

ŞEKER
ACI
ANTİOKSİDAN
AROMA
ZANAAT
KAKAO
KALORİ
KARAMEL
YEMEK
LEZZETLI
TATLI
EGZOTIK
FAVORI
TAT
IÇERIK
TOZ
KALITE
LEZZET

74 - Governo

A	Z	F	J	L	G	F	K	P	D	J	P	H	I	D	Q
J	N	N	Y	F	T	Z	O	G	E	G	L	Ö	B	L	U
B	A	A	V	J	C	Y	N	V	V	D	C	V	I	İ	Ö
V	A	A	Y	C	H	A	U	S	L	E	U	H	B	D	Z
A	M	Ğ	H	A	Q	N	Ş	İ	E	M	U	L	H	E	G
T	Ş	U	I	O	S	G	M	Y	T	O	M	A	U	R	Ü
A	I	U	F	M	N	A	A	A	I	K	J	S	H	S	R
N	T	Y	T	N	S	H	Q	S	N	R	Z	U	U	A	L
D	R	K	I	L	T	I	Ş	E	A	A	H	L	I	O	Ü
A	A	A	D	L	İ	D	Z	T	F	S	N	U	N	A	K
Ş	T	S	E	M	B	O	L	L	U	İ	H	Z	C	J	M
L	G	B	Z	U	V	E	A	I	I	A	D	A	L	E	T
I	S	M	U	K	L	U	Z	V	R	K	P	G	Y	A	K
K	G	Z	H	M	F	A	E	I	G	Q	V	R	J	Z	M
K	E	N	N	Y	B	Q	L	S	N	Y	U	T	J	O	R
R	Z	D	H	G	S	A	F	O	Z	T	Q	T	R	T	Y

VATANDAŞLIK
SIVIL
ANAYASA
DEMOKRASİ
KONUŞMA
TARTIŞMA
BÖLGE
DEVLET
EŞITLIK
BAĞIMSIZLIK

ADLİ
ADALET
KANUN
ÖZGÜRLÜK
LİDER
ANIT
ULUSAL
ULUS
SİYASET
SEMBOL

75 - Jardinagem

F	Z	B	O	K	Y	C	N	E	H	K	A	R	P	A	Y
C	P	B	A	U	N	S	E	Y	K	O	A	H	V	T	E
Y	Y	C	G	H	V	Z	I	P	R	M	I	L	K	I	N
G	O	F	O	J	Ç	T	J	M	E	P	H	G	L	U	I
Z	T	A	N	R	G	E	I	S	R	O	Y	R	A	F	L
R	O	Ç	İ	Ç	E	K	H	D	U	S	S	P	N	O	E
E	H	B	I	L	R	U	S	G	G	T	C	N	P	K	B
N	U	E	G	P	Z	B	U	N	N	P	S	L	M	M	I
Y	M	M	G	M	E	V	S	İ	M	L	İ	K	Z	T	L
E	E	D	O	Z	T	O	P	R	A	K	Q	J	R	B	I
T	N	Ş	Q	H	O	T	Y	G	E	L	O	B	L	T	R
N	E	T	İ	Y	R	T	T	V	V	P	K	K	J	J	R
O	S	S	I	L	Y	R	I	K	Z	M	G	Z	A	U	T
K	V	V	D	F	L	P	Q	K	O	C	A	V	A	T	B
U	N	L	Z	O	Y	İ	H	O	R	T	U	M	D	A	F
H	Q	D	B	E	C	Y	K	İ	N	A	T	O	B	B	M

SU
BOTANİK
BUKET
IKLIM
YENILEBILIR
KOMPOST
EGZOTIK
ÇİÇEK
YAPRAK
YEŞİLLİK
HORTUM
BAHÇE
KONTEYNER
MEVSİMLİK
TOHUM
TOPRAK
KIR
NEM

76 - Profissões #2

Z	O	O	L	O	G	M	A	N	G	U	U	A	Y	D	R
F	İ	L	O	Z	O	F	K	T	N	S	A	R	N	İ	Z
F	N	M	G	R	K	T	P	M	T	J	V	A	N	L	M
Z	S	R	H	N	Q	L	C	N	T	V	R	Ş	A	B	F
Z	Y	A	T	P	V	M	H	S	Z	I	T	T	S	İ	D
V	H	M	G	O	L	O	Y	İ	B	C	C	I	T	L	B
I	S	G	N	A	V	I	Ç	H	A	B	E	R	R	İ	M
Ç	I	Z	E	R	Z	C	A	O	B	N	S	M	O	M	A
T	D	Q	M	N	T	E	C	A	P	M	Q	A	N	C	E
F	N	A	T	O	A	Q	T	O	L	İ	P	C	O	İ	E
I	E	L	E	L	D	H	C	E	I	G	F	I	T	D	M
Ç	H	A	R	R	E	C	P	D	C	C	B	O	S	O	U
B	Ü	D	Ğ	I	O	D	Q	Ü	I	I	N	U	U	K	C
Z	M	U	Ö	S	H	Z	T	P	T	Ş	G	H	A	T	I
F	O	T	O	Ğ	R	A	F	Ç	I	Ü	Ç	C	T	O	T
R	E	S	S	A	M	I	U	U	H	P	K	I	P	R	A

ÇIFTÇI
ASTRONOT
KÜTÜPHANE
BİYOLOG
CERRAH
DIŞÇI
MÜHENDIS
FİLOZOF
FOTOĞRAFÇI
ÇIZER
MUCIT
ARAŞTIRMACI
BAHÇIVAN
GAZETECI
DİLBİLİMCİ
DOKTOR
PİLOT
RESSAM
ÖĞRETMEN
ZOOLOG

77 - Negócios

S	N	T	I	Ş	V	E	R	E	N	G	H	M	D	D	P
T	H	E	R	B	F	Ç	Q	J	C	P	E	K	F	M	A
G	N	Y	N	M	Z	L	A	N	Q	E	E	L	B	A	R
M	L	I	C	A	I	P	P	L	L	F	J	A	I	L	A
G	O	L	N	B	Ü	T	Ç	E	I	Z	Z	J	D	R	B
M	T	A	G	D	D	U	G	P	T	Ş	P	L	Ü	D	İ
R	E	M	I	R	I	T	A	Y	L	Q	A	P	K	M	R
K	K	Â	R	S	C	R	K	S	B	D	G	N	K	C	İ
A	R	A	P	C	I	S	I	O	F	İ	S	O	A	L	M
R	I	C	M	Z	T	Z	R	M	D	F	R	Q	N	D	İ
I	Ş	M	T	O	E	D	B	E	K	O	N	O	M	İ	G
Y	U	J	S	D	N	D	A	K	G	F	D	B	U	O	R
E	B	T	Y	Q	Ö	V	F	N	D	G	E	T	K	P	E
R	R	Q	H	A	Y	L	N	K	V	H	Z	Z	B	D	V
P	P	Y	H	U	P	O	V	E	Q	U	K	A	R	C	B
S	A	T	I	Ş	H	Y	B	G	T	T	B	Y	G	Y	T

KARIYER
MALIYET
INDIRIM
PARA
EKONOMİ
ÇALIŞAN
IŞVEREN
ŞIRKET
OFİS
FABRIKA
YÖNETICI
VERGİ
YATIRIM
DÜKKAN
KÂR
MAL
PARA BİRİMİ
BÜTÇE
GELIR
SATIŞ

78 - Fazenda #2

O	L	Z	E	T	Z	Ç	V	O	Z	A	M	C	E	Z	O
M	C	H	Q	O	U	O	I	O	E	H	S	K	T	C	R
L	I	E	V	I	F	L	N	F	F	I	D	R	M	E	E
Z	B	S	G	K	O	Y	U	N	T	R	I	Y	A	Ç	H
M	H	Q	I	F	D	L	Y	N	K	Ç	D	H	J	L	V
F	T	Y	N	R	Ö	T	K	A	R	T	I	O	N	H	O
S	E	B	Z	E	Q	Ü	K	E	D	R	Ö	U	N	F	M
O	L	G	U	N	Y	S	C	S	N	Ğ	L	C	K	Y	I
F	S	F	I	A	P	R	A	U	J	H	U	H	B	P	C
D	Y	R	B	B	K	V	G	L	C	E	T	B	V	T	P
K	B	Q	P	O	O	V	U	A	I	K	J	Z	E	D	A
H	D	Z	H	Ç	V	H	A	M	E	Ç	H	A	B	K	U
G	G	D	Z	R	A	L	N	A	V	Y	A	H	C	I	D
H	I	J	V	D	N	B	Y	M	Y	L	A	M	A	I	O
B	A	J	M	Z	O	V	G	B	E	N	R	J	L	S	V
K	U	Z	U	A	B	V	O	L	M	N	R	K	T	S	S

ÇIFTÇI
HAYVANLAR
AHIR
ARPA
KOVAN
KUZU
MEYVE
SULAMA
SÜT
LAMA
OLGUN
MISIR
KOYUN
ÇOBAN
ÖRDEK
BAHÇE
ÇAYIR
TRAKTÖR
BUĞDAY
SEBZE

79 - Jardim

T	O	H	P	T	E	K	Q	A	Q	Ç	K	V	Z	G	Q
I	R	Y	Z	F	E	H	S	Ğ	N	I	J	P	F	Ö	C
Ç	U	A	F	H	Z	R	C	A	Y	M	L	Ç	N	L	S
C	V	A	M	C	T	A	A	Ç	O	E	H	I	M	E	J
B	A	N	K	B	Z	R	V	S	A	N	G	Ç	H	T	F
S	Q	T	R	P	O	B	H	A	M	A	K	E	Z	U	J
J	B	S	P	O	L	L	Ç	A	L	I	E	K	G	I	C
B	A	H	Ç	E	T	F	İ	Y	T	K	R	U	A	H	H
U	U	S	J	R	B	F	F	N	I	T	Ü	Q	R	Q	D
V	E	R	A	N	D	A	S	J	R	L	K	B	A	V	T
E	K	K	H	O	R	T	U	M	M	K	R	Q	J	P	R
O	T	L	A	R	A	S	M	A	I	C	S	J	K	N	H
O	P	R	H	R	I	M	G	Y	K	S	V	H	M	P	U
Q	P	F	I	P	P	V	Q	D	O	O	P	H	K	B	I
M	G	C	U	M	Y	O	M	J	M	G	Y	P	C	F	J
Y	E	U	B	N	L	D	T	Y	C	P	C	T	I	H	N

TIRMIK
ÇALI
AĞAÇ
BANK
ÇIT
OTLAR
ÇIÇEK
GARAJ
ÇIMEN
BAHÇE

GÖLET
HAMAK
HORTUM
KÜREK
TOPRAK
TERAS
TRAMBOLİN
VERANDA
ASMA

80 - Política

P	E	Q	M	B	T	U	U	K	A	M	P	A	N	Y	A
B	O	R	E	F	A	Z	T	I	Y	Q	S	I	Z	E	T
Z	O	L	M	T	E	A	Z	L	L	Y	A	D	A	S	U
F	T	L	I	E	İ	T	U	T	A	Z	K	U	E	N	A
F	M	R	Ç	T	P	K	V	I	T	U	T	Y	S	O	Z
T	V	Q	E	İ	I	O	E	Ş	İ	Z	İ	A	D	K	Y
J	B	O	S	M	Q	K	L	E	J	N	V	P	D	V	T
T	Q	A	O	O	H	R	A	İ	E	T	İ	Q	B	R	L
J	H	Q	Z	K	O	A	S	G	T	S	S	D	Z	G	I
H	Ü	K	Ü	M	E	T	U	R	A	İ	T	T	V	H	G
V	D	A	R	J	G	A	L	E	R	A	K	I	S	S	E
S	C	Z	M	Y	O	K	U	V	T	S	E	A	I	F	Y
N	J	Q	Y	E	L	G	G	J	S	F	P	I	C	J	V
N	B	J	U	S	D	Y	F	Q	C	Q	U	Y	N	I	K
S	H	B	P	O	P	Ü	L	E	R	L	İ	K	H	H	J
G	Ö	R	Ü	Ş	Ö	Z	G	Ü	R	L	Ü	K	A	J	U

AKTİVİST
KAMPANYA
ADAY
KOMİTE
KONSEY
SEÇIM
STRATEJİ
ETİK
HÜKÜMET
EŞITLIK
VERGİ
ÖZGÜRLÜK
ULUSAL
GÖRÜŞ
POLITIKA
POLİTİKACI
POPÜLERLİK
ZAFER

81 - Oceano

I	J	S	I	B	K	Y	B	B	Y	M	G	E	N	D	M
S	B	L	F	U	P	I	S	A	N	A	Z	İ	N	E	D
V	A	O	T	İ	G	L	E	G	D	G	M	G	J	Y	K
M	I	B	O	U	Y	A	Ğ	A	B	M	U	L	P	A	K
B	Y	H	B	H	G	N	İ	S	T	İ	R	İ	D	Y	E
S	A	J	T	A	U	B	B	A	L	I	N	A	R	O	Q
R	A	L	A	G	L	A	D	N	K	Y	F	Q	E	J	B
T	U	Z	I	F	Z	L	M	I	A	O	Z	N	S	J	H
K	U	F	U	K	O	I	A	T	R	S	V	O	İ	Y	M
S	Ü	N	G	E	R	Ğ	I	R	İ	U	G	Z	F	E	E
U	J	K	Z	H	J	I	Y	I	D	N	S	K	Q	N	R
N	J	Z	G	N	G	Q	H	F	E	M	R	S	U	G	C
U	M	R	B	O	K	K	O	P	S	T	G	K	K	E	A
Y	A	H	T	A	P	O	T	K	Q	A	G	H	K	Ç	N
K	Ö	P	E	K	B	A	L	I	Ğ	I	G	J	L	R	J
F	E	C	R	C	O	Y	G	P	M	E	I	D	L	E	U

YOSUN
BALINA
BOT
KARİDES
YENGEÇ
MERCAN
YILAN BALIĞI
SÜNGER
YUNUS
GELGİT

DENİZANASI
DALGALAR
İSTİRİDYE
BALIK
AHTAPOT
RESİF
TUZ
KAPLUMBAĞA
FIRTINA
KÖPEKBALIĞI

82 - Profissões #1

A	V	U	K	A	T	Y	G	B	T	G	A	V	S	K	T
V	B	I	M	Q	P	P	O	Ü	E	E	S	A	A	O	L
P	S	R	N	B	D	C	T	Y	S	M	T	E	N	D	U
U	İ	C	Z	İ	N	E	D	Ü	I	Q	R	F	A	M	Z
C	D	Y	J	G	I	M	R	K	S	J	O	I	T	I	E
M	Z	C	A	Z	C	E	C	E	A	G	N	P	Ç	M	R
U	Ü	V	C	N	Z	U	H	L	T	O	O	S	I	D	R
Y	V	Z	V	K	İ	Z	G	Ç	Ç	L	M	İ	I	A	I
U	E	Z	İ	I	N	S	H	İ	I	O	N	K	T	N	B
K	T	C	H	S	R	Ö	T	İ	D	E	H	O	F	S	A
Y	E	N	T	E	Y	N	T	N	F	J	F	L	A	Ç	N
R	R	O	E	Q	M	E	M	N	A	C	N	O	I	I	K
B	İ	O	R	L	A	Ş	N	F	E	L	N	G	Y	C	A
V	N	D	Z	A	A	H	I	B	N	A	N	A	E	V	C
N	E	L	I	C	A	T	I	R	A	H	F	Q	C	A	I
K	R	Y	A	G	S	C	V	Z	E	N	Z	Z	I	N	A

AVUKAT
TERZI
SANATÇI
ASTRONOM
BANKACI
ITFAIYECI
AVCI
HARITACI
DANSÇI
EDİTÖR
BÜYÜKELÇİ
TESISATÇI
HEMŞIRE
JEOLOG
KUYUMCU
DENİZCİ
MÜZİSYEN
PİYANİST
PSİKOLOG
VETERİNER

83 - Força e Gravidade

Y	G	Z	Ö	E	M	N	Ü	T	R	Ü	S	F	P	K	D
C	N	O	J	Z	T	E	M	E	L	Ş	I	N	E	G	İ
L	Q	H	F	I	E	H	S	I	S	Y	G	Q	G	M	N
E	H	S	C	H	K	L	L	A	J	B	Y	C	I	E	A
C	K	Z	A	S	E	E	L	D	F	I	Ş	E	K	R	M
D	E	S	J	J	R	C	M	İ	K	E	V	Y	İ	K	İ
S	G	G	E	E	A	B	A	R	K	E	F	I	Z	E	K
G	H	I	B	N	H	T	N	M	Ü	L	S	S	İ	Z	L
L	U	Z	A	M	A	N	Y	E	L	A	E	V	F	E	I
A	Ğ	I	R	L	I	K	E	K	K	J	S	R	O	G	M
K	V	R	J	E	Z	B	T	A	Ü	B	A	S	I	N	Ç
K	N	I	A	R	C	R	İ	N	Y	N	Q	M	V	Ü	O
I	Q	N	Z	I	N	P	Z	İ	Ü	S	T	V	H	R	J
D	D	Y	Y	A	R	U	M	K	B	H	G	A	L	Ö	O
C	Y	T	H	Y	I	E	A	S	F	H	K	P	I	Y	Y
F	L	J	L	G	E	Z	E	G	E	N	L	E	R	L	G

SÜRTÜNME
MERKEZ
KEŞIF
DİNAMİK
MESAFE
EKSEN
GENIŞLEME
FİZİK
MANYETİZMA
BÜYÜKLÜK
MEKANİK
HAREKET
YÖRÜNGE
AĞIRLIK
GEZEGENLER
BASINÇ
ÖZELLİKLER
HIZ
ZAMAN

84 - Abelhas

D	E	U	P	Y	M	A	B	G	D	K	B	T	H	I	B
G	U	T	O	B	L	E	T	R	I	A	Ö	A	Z	E	Q
Q	S	M	H	E	D	S	A	M	S	N	C	L	O	S	M
R	I	S	A	V	L	G	V	T	T	A	E	O	E	M	G
N	C	M	I	N	O	N	V	M	K	T	K	S	Ü	R	Ü
B	A	L	M	U	M	U	M	R	E	L	K	E	Ç	İ	Ç
E	Y	I	S	B	S	D	I	A	M	A	M	C	L	A	L
K	I	L	I	L	T	I	Ş	E	Ç	R	D	P	J	A	G
G	O	B	A	L	U	D	J	I	J	P	A	O	C	Z	E
Ç	E	V	A	S	B	A	H	Ç	E	Ç	I	L	A	R	K
R	İ	E	A	F	G	B	I	C	E	V	Y	E	M	B	K
E	A	Ç	U	N	O	Y	E	T	T	L	V	N	Y	E	D
O	R	M	E	T	S	İ	S	O	K	E	A	N	Y	S	C
C	F	A	M	K	B	İ	T	K	İ	L	E	R	N	T	F
O	O	R	N	V	S	O	S	G	G	Ü	N	E	Ş	J	P
F	A	Y	D	A	L	I	J	F	O	H	H	K	U	V	Z

KANATLAR
FAYDALI
BALMUMU
KOVAN
ÇEŞITLILIK
EKOSİSTEM
SÜRÜ
ÇİÇEK
ÇİÇEKLER
MEYVE
DUMAN
BÖCEK
BAHÇE
BAL
BİTKİLER
POLEN
KRALIÇE
GÜNEŞ

85 - Ciência

I	H	A	D	F	E	Y	N	M	B	E	F	J	Y	U	K
I	K	Q	J	B	J	S	F	F	Z	S	Q	J	O	J	I
O	İ	L	İ	S	O	F	D	J	H	Y	Z	K	C	H	M
Y	Z	Ü	I	A	Ğ	O	D	K	Z	Ö	E	Y	Y	S	Y
E	İ	K	A	M	E	L	Z	Ö	G	N	T	N	V	C	A
R	F	E	C	Z	L	V	M	V	V	T	O	E	E	A	S
Ç	B	L	D	İ	A	Q	R	K	J	E	P	E	V	D	A
E	Z	O	P	N	B	U	L	I	A	M	I	M	T	G	L
K	B	M	Q	A	O	D	T	O	P	O	H	I	S	U	K
İ	T	M	H	G	R	E	L	İ	K	T	İ	B	F	L	C
M	O	J	N	R	A	L	K	I	C	A	Ç	R	A	P	C
İ	O	U	F	O	T	G	U	N	K	O	E	D	B	H	D
A	Y	B	E	U	U	G	E	R	Ç	E	K	V	G	J	P
V	E	R	I	S	V	K	R	G	T	J	T	L	R	E	H
J	K	F	S	P	A	Z	V	O	N	E	E	J	F	I	T
Y	B	E	R	M	R	E	L	L	A	R	E	N	İ	M	M

ATOM
IKLIM
VERI
EVRIM
DENEY
GERÇEK
FİZİK
FOSİL
YERÇEKİMİ
HIPOTEZ
LABORATUVAR
YÖNTEM
MİNERALLER
MOLEKÜL
DOĞA
GÖZLEM
ORGANİZMA
PARÇACIKLAR
BİTKİLER
KIMYASAL

86 - Comida #1

B	V	H	A	J	L	D	P	L	H	T	S	T	G	F	P
Ç	A	T	A	L	A	S	J	V	F	U	O	A	R	T	A
İ	B	L	G	O	T	Q	B	L	D	Z	Ğ	R	A	V	D
L	R	Z	I	S	I	Y	A	K	A	E	A	Ç	S	O	G
E	O	P	K	K	I	T	S	I	F	L	N	I	I	Ü	B
K	Ç	M	E	F	E	S	L	E	Ğ	E	N	N	H	K	T
A	N	A	K	A	N	A	P	S	I	H	O	P	A	T	E
S	O	G	R	I	B	C	G	I	K	H	M	B	V	E	Y
M	P	L	E	P	E	E	D	N	N	R	İ	H	U	I	H
I	H	A	K	E	A	R	O	U	E	F	L	A	Ç	B	E
R	R	Ş	E	Q	C	J	G	Q	P	P	J	F	P	O	N
A	B	A	Ş	Y	N	A	O	Q	S	B	D	N	G	R	V
S	V	M	N	M	U	Q	A	J	P	R	M	O	N	E	T
F	F	N	T	H	F	O	S	H	F	S	I	F	Z	L	S
A	L	F	V	K	L	B	I	U	N	O	H	J	E	R	E
C	M	E	Y	V	E	S	U	Y	U	P	H	U	Q	F	O

ŞEKER
SARIMSAK
FISTIK
BALIK
KEK
TARÇIN
SOĞAN
HAVUÇ
ARPA
KAYISI
ISPANAK
SÜT
LİMON
FESLEĞEN
ÇİLEK
ŞALGAM
TUZ
SALATA
ÇORBA
MEYVE SUYU

87 - Geometria

E	R	I	L	K	H	D	S	S	S	G	R	F	C	U	V
Ğ	E	J	N	O	E	E	R	I	A	D	D	N	M	H	I
R	B	E	R	Ş	C	D	S	Ç	A	P	Q	Y	Q	K	H
I	K	P	L	U	L	Y	Y	A	T	A	Y	E	Z	Ü	Y
E	S	İ	R	T	E	M	İ	S	P	R	T	K	B	Z	N
B	I	R	A	B	I	O	R	A	N	L	N	I	D	D	Y
P	R	L	P	B	Y	K	F	A	K	H	A	D	F	S	B
R	F	O	H	D	E	I	A	Ç	I	Z	Y	M	A	I	O
K	T	Q	I	C	E	T	Q	E	R	E	D	E	A	A	Y
L	O	C	S	I	A	N	E	G	Ç	Ü	E	L	J	A	U
S	Y	Y	S	H	L	A	A	O	C	J	M	K	O	D	T
S	M	U	L	U	M	M	Y	D	R	U	C	N	V	F	F
Y	Ü	K	S	E	K	L	I	K	U	İ	B	E	F	G	C
A	L	Y	V	L	P	F	O	Y	H	H	M	D	V	H	N
K	Ö	B	G	F	Y	Q	J	B	K	T	S	E	Z	B	L
O	B	F	J	B	P	H	I	D	A	T	Z	Z	R	L	B

YÜKSEKLIK
AÇI
HESAPLAMA
DAIRE
EĞRI
ÇAP
BOYUT
DENKLEM
YATAY
MANTIK
KITLE
MEDYAN
KOŞUT
ORAN
BÖLÜM
SİMETRİ
YÜZEY
TEORİ
ÜÇGEN
DIKEY

88 - Pássaros

T	V	G	U	V	J	A	N	M	E	S	C	O	Z	C	F
U	T	O	N	Z	V	F	U	Y	U	M	U	R	T	A	Y
K	A	K	P	I	V	A	Ş	K	Ğ	V	T	Q	F	G	M
A	O	E	V	S	C	U	U	C	U	Z	A	K	K	T	P
N	F	Y	V	U	I	R	K	Z	K	F	V	D	A	C	E
P	E	L	İ	K	A	N	E	Z	L	H	U	N	R	E	N
A	Ç	G	V	E	F	N	V	V	A	G	S	J	G	P	G
P	R	S	L	L	D	A	E	U	Ü	O	L	N	A	Z	U
H	E	S	L	Y	Ö	R	D	E	K	G	U	G	U	K	E
M	S	V	Y	E	F	L	A	M	İ	N	G	O	P	U	N
A	L	R	Y	L	B	A	L	I	K	Ç	I	L	A	V	D
R	K	A	R	T	A	L	P	P	L	K	N	K	P	A	I
T	P	Q	B	P	C	E	Z	A	G	Y	T	Y	A	T	F
I	F	T	R	K	Z	U	Z	B	H	F	Y	A	Ğ	U	R
O	A	C	Y	K	L	R	N	O	G	E	T	B	A	L	N
P	Q	S	T	D	U	E	G	N	M	H	E	K	N	D	E

DEVEKUŞU
KARTAL
LEYLEK
KUĞU
KARGA
GUGUK
FLAMİNGO
TAVUK
MARTI
KAZ

BALIKÇIL
YUMURTA
PAPAĞAN
SERÇE
ÖRDEK
TAVUS
PELİKAN
PENGUEN
GÜVERCIN
TUKAN

89 - Literatura

O	U	H	K	N	Z	F	R	B	H	L	T	L	A	B	D
V	L	U	K	S	I	J	S	Z	M	O	R	A	M	İ	A
D	L	İ	J	O	L	A	N	A	T	V	A	G	O	Y	L
S	İ	A	A	N	A	S	F	A	C	E	J	D	M	O	C
Y	I	Y	D	U	N	Ş	G	N	G	I	E	D	G	G	J
J	C	A	A	Ç	A	Ü	V	Q	Q	U	D	L	A	R	J
H	I	P	M	L	O	R	A	Z	A	Y	İ	T	Q	A	T
Q	T	L	E	F	O	Ö	T	U	U	Y	H	Z	O	F	L
S	A	L	T	S	I	G	I	A	R	O	M	A	N	İ	L
I	L	N	A	U	B	S	G	K	N	S	T	D	H	M	C
J	N	T	E	Y	I	F	A	K	K	I	E	D	F	L	N
F	A	F	M	K	O	E	V	D	U	D	M	İ	T	İ	R
M	E	C	A	Z	D	I	E	V	R	I	I	Ş	N	S	P
O	O	N	N	R	C	O	T	N	G	N	I	E	I	D	K
H	S	E	Q	A	B	T	T	E	U	U	F	C	A	S	E
A	M	R	I	T	Ş	A	L	I	Ş	R	A	K	R	D	H

ANALOJİ
ANALIZ
ANEKDOT
YAZAR
BİYOGRAFİ
KARŞILAŞTIRMA
SONUÇ
TANIM
DİYALOG
TARZ
KURGU
MECAZ
ANLATICI
GÖRÜŞ
ŞIIR
KAFIYE
RİTİM
ROMAN
TEMA
TRAJEDİ

90 - Química

Y	D	U	C	F	Q	I	Y	Y	R	M	T	I	P	H	I
V	V	M	S	L	F	U	R	Q	E	K	O	H	K	H	H
T	S	C	Y	J	J	P	K	F	O	B	K	L	O	R	S
P	I	S	I	N	M	O	L	U	F	V	O	Z	A	D	D
Z	V	A	L	K	A	L	İ	İ	Y	O	N	Y	F	I	J
K	I	L	K	A	C	I	S	J	B	P	T	U	L	A	Z
L	Ü	K	E	L	O	M	Q	F	O	K	S	İ	J	E	N
U	Z	A	G	N	Ü	K	L	E	E	R	G	K	S	R	E
H	U	R	O	R	G	A	N	İ	K	Ö	G	N	R	A	J
Q	T	B	H	B	B	Q	G	G	K	Z	G	K	P	F	O
E	T	O	I	N	N	G	U	Q	T	İ	B	J	M	C	R
N	D	N	O	R	T	K	E	L	E	L	Z	V	P	B	D
Z	A	Ğ	I	R	L	I	K	N	Y	A	I	K	N	S	İ
İ	K	K	R	J	U	R	O	B	J	T	B	E	H	K	H
M	N	I	D	A	G	Y	Z	A	D	A	C	A	V	H	I
E	L	E	M	E	N	T	L	E	R	K	L	L	C	O	H

ALKALİ
ASİT
ISI
KARBON
KATALİZÖR
KLOR
ELEMENTLER
ELEKTRON
ENZİM
GAZ
HİDROJEN
İYON
SIVI
MOLEKÜL
NÜKLEER
ORGANİK
OKSİJEN
AĞIRLIK
TUZ
SICAKLIK

91 - Clima

K	A	S	I	R	G	A	B	R	J	Q	V	F	H	Q	N
Ü	R	Y	T	P	U	T	U	K	Ü	Z	E	S	Z	Y	C
S	V	R	N	Y	S	S	L	U	L	Z	B	U	Z	M	R
Ü	Z	E	I	D	A	I	U	R	U	K	G	E	L	L	K
T	I	F	S	L	J	C	T	A	S	Z	Q	Â	K	P	B
L	R	S	E	G	Ü	A	L	K	F	G	G	Q	R	A	U
Ü	G	O	Z	Y	Z	K	U	L	I	M	J	K	M	J	L
R	K	M	P	C	Ü	L	M	I	R	I	D	L	I	Y	U
Ü	M	T	T	İ	Y	I	A	K	T	A	Y	T	L	T	T
G	U	A	I	M	K	K	D	R	I	I	K	L	I	M	F
K	S	F	J	F	Ö	D	G	M	N	D	M	R	N	D	E
Ö	O	L	A	M	G	F	P	R	A	M	T	B	H	F	S
G	N	F	G	Ö	K	K	U	Ş	A	Ğ	I	O	Q	F	F
P	O	N	O	T	A	R	R	R	E	Q	R	F	S	S	O
D	F	F	T	M	Y	S	F	P	P	P	K	T	İ	L	U
M	P	H	N	V	C	K	D	S	Q	F	R	Z	S	M	P

GÖKKUŞAĞI
ATMOSFER
ESINTI
GÖKYÜZÜ
IKLIM
BUZ
MUSON
SİS
BULUTLU
BULUT
KUTUP
YILDIRIM
KURAKLIK
KURU
SICAKLIK
FIRTINA
KASIRGA
TROPİK
GÖK GÜRÜLTÜSÜ
RÜZGÂR

92 - Tecnologia

D	F	L	D	R	K	İ	T	S	İ	T	A	T	S	İ	M
O	N	L	O	L	T	R	A	Y	A	S	I	G	L	I	B
U	I	N	S	Z	O	Z	R	D	Y	A	V	M	E	N	P
C	O	E	Y	Z	O	M	A	O	İ	A	P	Q	C	U	I
Y	J	H	A	B	G	A	Y	S	F	J	Z	M	U	F	L
D	D	L	Y	B	I	E	I	C	A	R	İ	I	B	M	A
Z	E	R	Q	M	F	M	C	V	G	N	G	T	L	F	D
U	V	L	B	A	Y	T	I	M	E	S	A	M	A	I	B
V	J	E	U	Y	E	J	İ	M	L	E	Ç	L	M	L	M
İ	K	U	G	Ü	V	E	N	L	I	K	F	A	R	Y	K
R	K	A	M	E	R	A	B	L	O	G	T	G	I	E	G
Ü	M	S	L	K	V	E	R	I	I	R	L	U	T	K	B
S	E	İ	N	T	E	R	N	E	T	I	H	J	Ş	R	I
N	S	V	J	B	K	S	O	T	O	D	K	F	A	A	P
H	A	B	Y	G	I	C	N	F	M	T	C	V	R	N	H
F	J	T	P	O	K	I	M	S	O	B	G	N	A	P	H

DOSYA
BLOG
BAYT
KAMERA
BILGISAYAR
İMLEÇ
VERI
DİJİTAL
İSTATİSTİK
İNTERNET
MESAJ
TARAYICI
ARAŞTIRMA
GÜVENLIK
YAZILIM
EKRAN
SANAL
VİRÜS

93 - Diplomacia

Q	C	T	J	G	H	M	T	M	Q	D	Z	İ	B	A	K
H	F	J	Y	T	R	V	A	P	Y	O	R	N	Ü	I	A
Y	N	G	O	L	L	D	İ	L	L	E	R	S	Y	M	M
Y	G	Ü	V	E	N	L	I	K	İ	T	E	A	Ü	M	P
R	Z	Z	C	D	L	P	D	Ü	Z	E	S	N	K	P	A
A	Ç	E	K	I	Ş	M	E	L	İ	M	İ	İ	E	N	N
L	D	N	K	H	H	E	O	N	Ş	Ü	Y	E	L	L	Y
Ş	O	A	U	Ç	P	Z	N	Ü	B	K	A	L	Ç	Y	A
A	H	M	L	L	Ö	N	B	T	İ	Ü	S	Ç	İ	Y	M
D	N	Ş	U	E	F	Z	E	Ü	R	H	E	İ	I	D	Ş
N	K	I	L	I	T	H	Ü	B	L	L	T	L	J	T	I
A	D	N	P	I	J	Z	D	M	İ	N	A	İ	E	U	T
T	Z	A	O	T	C	R	A	M	Ğ	I	F	K	Q	D	R
A	R	D	T	R	M	M	A	L	İ	Y	P	C	R	T	A
V	Q	U	H	D	İ	P	L	O	M	A	T	İ	K	R	T
V	O	J	B	A	N	T	L	A	Ş	M	A	C	P	L	M

KAMPANYA
VATANDAŞLAR
TOPLULUK
ÇEKIŞME
DANIŞMAN
İŞBİRLİĞİ
DİPLOMATİK
TARTIŞMA
ELÇİLİK
BÜYÜKELÇİ
ETİK
HÜKÜMET
İNSANİ
BÜTÜNLÜK
ADALET
DİLLER
SİYASET
GÜVENLIK
ÇÖZÜM
ANTLAŞMA

94 - Esportes

G	Z	K	L	D	Y	D	A	Ş	A	M	P	İ	Y	O	N
J	N	A	K	Y	G	E	R	T	E	L	K	I	S	I	B
O	S	Z	T	L	D	Z	N	Z	L	M	S	D	Q	E	J
B	K	A	Y	B	S	V	M	Z	P	E	U	O	A	I	P
S	İ	N	E	T	E	P	A	K	L	K	T	B	Y	H	I
E	T	A	T	C	D	Y	M	O	S	A	H	A	B	U	K
N	S	N	O	L	A	S	Z	Ç	Q	H	F	S	R	B	N
S	A	D	S	R	J	I	K	B	G	K	K	K	G	H	I
C	N	H	A	R	E	K	E	T	O	F	G	E	T	M	L
R	M	U	M	V	R	E	O	H	M	L	O	T	A	I	C
K	İ	O	C	S	T	A	D	Y	U	M	L	B	K	G	N
Y	J	Y	L	P	C	J	O	D	V	D	F	O	I	Y	A
H	I	U	D	H	J	C	Z	Q	B	V	V	L	M	N	J
Y	U	N	U	H	A	P	F	Y	V	N	N	V	D	K	Y
F	G	C	B	U	F	S	N	A	E	D	O	A	M	F	S
Y	V	U	K	Y	H	O	K	E	Y	N	M	Q	C	T	M

ATLET
HAKEM
BASKETBOL
BEYZBOL
BISIKLET
ŞAMPİYON
TAKIM
STADYUM
KAZANAN
SALON
JİMNASTİK
GOLF
HOKEY
OYUNCU
OYUN
HAREKET
TENİS
KOÇ

95 - Comida # 2

D	H	M	M	U	Z	E	M	P	Y	A	D	Ğ	U	B	B
O	Z	A	R	I	K	H	L	J	A	O	D	P	D	A	H
M	N	N	O	B	M	A	J	M	T	T	Ğ	O	K	D	C
A	J	T	D	B	Ü	T	Z	N	A	B	L	U	G	E	O
T	T	A	S	V	Z	R	J	D	L	A	Q	I	R	M	Z
E	M	R	T	I	Ü	U	N	C	O	L	H	D	C	T	Q
S	I	A	U	M	M	M	L	Y	K	I	P	Q	M	A	Ç
N	P	N	Y	G	H	U	İ	V	İ	K	E	C	Z	P	N
M	F	İ	O	O	S	Y	L	T	Ç	U	Y	O	E	J	I
U	A	G	N	T	Q	G	O	S	M	V	N	Q	J	Z	R
O	E	N	R	Y	T	T	K	H	U	A	I	M	K	T	I
N	P	E	S	E	Q	K	O	Z	I	T	R	D	K	K	P
P	F	P	D	T	N	S	R	J	U	C	Z	Q	O	A	R
S	D	M	S	J	J	G	B	B	I	E	C	F	G	Y	S
S	R	C	I	J	B	K	I	Q	Y	Y	Y	R	S	B	P
U	V	B	H	Y	S	E	V	T	R	M	U	S	S	I	L

ENGİNAR
BADEM
PIRINÇ
MUZ
PATLICAN
BROKOLİ
KIRAZ
ÇİKOLATA
MANTAR
TAVUK
YOĞURT
KİVİ
ELMA
YUMURTA
BALIK
JAMBON
PEYNIR
DOMATES
BUĞDAY
ÜZÜM

96 - Universo

P	A	T	Y	G	G	Ö	K	S	E	L	V	V	Z	E	Z
Q	A	D	A	K	Ö	G	Z	N	C	P	F	Z	H	N	O
P	E	C	J	U	Y	K	İ	M	Z	O	K	U	L	L	D
G	R	Z	O	F	C	D	Y	I	E	V	K	U	T	E	Y
F	Ü	K	Y	U	I	U	R	Ü	P	C	G	Q	U	M	A
U	K	N	U	O	E	F	C	T	Z	V	E	L	B	V	K
U	M	G	D	B	O	Y	L	A	M	Ü	İ	N	S	S	C
D	I	Q	Ü	Ö	H	G	E	S	Q	E	M	L	P	K	Z
E	R	L	T	N	N	V	N	U	C	V	O	Q	T	S	F
Ğ	A	R	E	A	E	Ü	G	Ö	R	Ü	N	Ü	R	A	Y
M	Y	G	L	D	G	Ş	M	O	M	J	O	O	V	Y	K
E	D	P	E	J	N	P	C	Ü	D	S	R	U	Q	Y	D
K	P	U	S	Y	Ü	V	N	G	R	O	T	A	V	K	E
Y	R	M	K	N	R	H	I	R	E	F	S	O	M	T	A
U	A	U	O	U	Ö	H	M	Z	V	H	A	F	Q	G	D
N	A	I	P	I	Y	N	S	A	S	T	R	O	N	O	M

ASTRONOMİ
ASTRONOM
ATMOSFER
GÖKSEL
GÖKYÜZÜ
KOZMİK
EKVATOR
GÖKADA
YARIMKÜRE
UFUK
EĞME
ENLEM
BOYLAM
AY
YÖRÜNGE
GÜNEŞ
GÜNDÖNÜMÜ
TELESKOP
GÖRÜNÜR
ZODYAK

97 - Jazz

D	R	S	F	U	S	L	K	J	V	C	I	G	T	O	V
A	U	İ	G	L	H	T	O	L	B	A	D	Y	H	L	O
V	F	K	T	J	V	E	N	N	E	T	K	İ	L	E	R
U	P	M	Z	İ	S	K	S	O	O	M	A	B	J	V	H
L	V	O	A	E	M	N	E	Y	R	Ü	L	C	P	R	J
V	U	R	G	U	I	İ	R	S	K	Z	S	N	Y	H	Z
F	Ş	A	R	K	I	K	G	I	E	I	A	T	M	U	O
Z	E	I	Y	Ü	L	N	Ü	Z	S	K	O	M	P	V	V
Y	Q	Y	Q	S	T	G	A	O	T	Y	Z	Q	E	M	Z
E	L	B	H	Q	L	A	D	P	R	T	D	Z	J	K	L
T	C	Z	I	A	L	B	Ü	M	A	V	T	A	T	F	N
E	R	T	Y	R	Q	F	D	O	Ğ	A	Ç	L	A	M	A
N	I	E	T	A	N	C	R	K	I	G	S	V	M	C	A
E	S	A	N	A	T	Ç	I	N	E	Y	Y	A	Ş	O	T
K	R	J	Z	T	V	H	U	Z	E	T	A	R	Z	V	K
B	E	S	T	E	C	I	A	E	I	O	T	K	H	L	Y

SANATÇI
ALBÜM
DAVUL
ŞARKI
KOMPOZISYON
BESTECI
KONSER
TARZ
VURGU
ÜNLÜ
TÜR
DOĞAÇLAMA
ETKİLER
MÜZIK
YENI
ORKESTRA
RİTIM
YETENEK
TEKNİK
YAŞ

98 - Barcos

Y	M	J	A	R	G	A	Y	U	I	Z	D	M	Z	D	L
A	P	Ü	Z	J	O	D	P	I	S	I	Z	İ	N	E	D
T	S	C	R	O	G	E	L	G	I	T	P	G	T	E	İ
H	S	T	R	E	K	D	E	N	İ	Z	C	İ	P	R	R
N	K	D	O	K	T	Y	C	O	V	L	D	L	S	O	E
K	F	A	T	N	B	T	A	S	V	C	N	N	G	D	K
H	M	P	O	B	A	R	E	N	I	P	G	E	K	A	V
C	R	I	M	N	P	K	T	B	U	V	Ö	K	T	L	I
D	E	N	I	Z	A	V	A	L	A	S	L	L	E	G	T
Y	L	K	H	P	Ç	H	B	T	D	T	H	E	H	A	D
J	N	Y	L	R	A	T	G	O	N	U	U	Y	D	L	R
K	J	J	D	J	H	N	R	B	E	S	Q	O	V	A	R
O	D	A	Z	Z	D	R	K	İ	H	Z	O	A	F	R	U
U	B	K	V	D	R	C	A	R	I	D	N	A	M	A	Ş
T	Q	F	S	E	O	F	P	E	R	Y	E	Q	C	V	K
H	D	K	A	F	V	T	S	F	M	P	J	H	M	A	G

ÇAPA
FERİBOT
ŞAMANDIRA
KANO
IP
DOK
YAT
SAL
GÖL
DENIZ
GELGIT
DENİZCİ
DİREK
MOTOR
DENİZ
OKYANUS
DALGALAR
NEHIR
MÜRETTEBAT
YELKENLİ

99 - Mamíferos

Z	P	H	I	P	K	Z	D	P	P	D	S	H	S	U	R
K	L	B	Y	D	H	S	G	Y	Z	V	K	H	A	H	M
N	L	D	D	S	M	B	P	N	E	A	H	I	A	G	R
O	F	V	U	J	P	Q	T	J	Z	P	N	J	F	C	P
D	P	G	M	Z	E	A	R	B	E	Z	K	Z	J	P	G
Y	U	I	Y	Y	J	F	C	R	J	Z	K	Y	E	D	R
I	D	J	E	T	T	A	Ğ	O	B	Y	I	R	H	M	Y
T	V	U	V	B	A	R	N	A	L	S	A	L	H	Y	C
M	İ	D	E	K	V	Ü	U	O	K	E	P	Ö	K	R	O
R	A	L	D	Y	Ş	Z	Y	K	U	R	U	G	N	A	K
B	N	Y	K	Q	A	D	O	V	N	G	O	R	İ	L	R
F	I	N	M	İ	N	L	K	Q	D	F	I	L	U	A	H
N	L	I	B	U	G	F	Q	P	U	G	Q	R	Q	K	V
M	A	E	J	E	N	B	Y	O	Z	F	Z	A	P	A	J
J	B	Y	U	N	U	S	B	V	E	I	Y	C	S	Ç	L
Q	T	G	E	R	J	U	T	C	N	J	I	Z	Y	Q	L

BALINA
DEVE
KANGURU
KUNDUZ
AT
KÖPEK
TAVŞAN
ÇAKAL
FIL
KEDİ

ZÜRAFA
YUNUS
GORİL
ASLAN
KURT
MAYMUN
KOYUN
TİLKİ
BOĞA
ZEBRA

100 - Atividades e Lazer

V	P	Z	I	V	G	K	I	L	I	Ç	K	I	L	A	B
Q	J	G	F	F	E	V	B	O	Y	Ş	I	L	A	D	S
L	O	B	T	E	K	S	A	B	Ü	F	L	O	G	K	E
H	O	B	İ	L	E	R	Q	Z	R	K	N	V	D	E	Y
J	C	B	O	Q	U	D	O	Y	Ü	U	A	K	S	Z	A
Y	M	C	T	P	O	G	Q	E	Y	I	V	R	Q	O	H
V	I	Z	C	U	N	L	C	B	Ü	E	I	Z	K	H	A
O	T	M	R	S	F	R	Ö	S	Ş	O	Ç	Z	G	I	T
L	M	P	Y	T	Z	B	Q	K	L	J	H	R	P	R	E
E	T	T	Ü	D	E	V	M	O	Y	V	A	F	M	M	T
Y	K	Z	Z	D	M	N	P	B	T	E	B	A	R	G	M
B	S	A	M	A	K	Q	İ	V	U	C	K	G	P	L	E
O	T	A	E	D	C	C	Q	S	E	Q	Q	T	E	Z	K
L	O	U	N	R	A	H	A	T	L	A	T	I	C	I	B
R	C	I	P	A	M	A	Y	O	B	Z	Y	J	Q	R	R
K	A	D	Q	B	T	D	T	G	J	H	J	S	C	L	Y

SANAT
BASKETBOL
BEYZBOL
BOKS
YÜRÜYÜŞ
FUTBOL
GOLF
HOBİLER
BAHÇIVANLIK

DALIŞ
YÜZME
BALIKÇILIK
BOYAMA
RAHATLATICI
SÖRF
TENİS
SEYAHAT ETMEK
VOLEYBOL

1 - Dirigindo

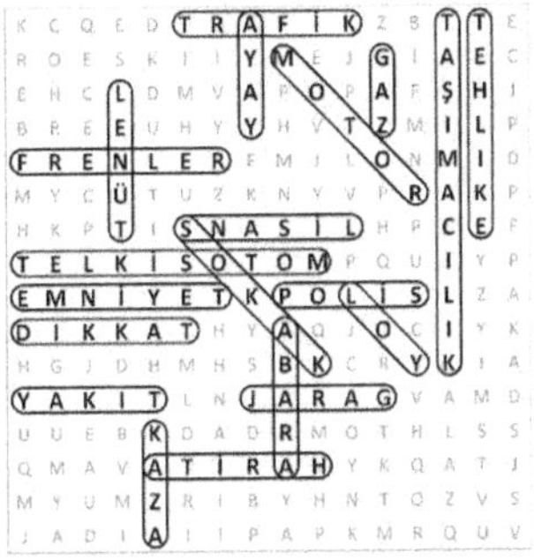

2 - Antiguidades

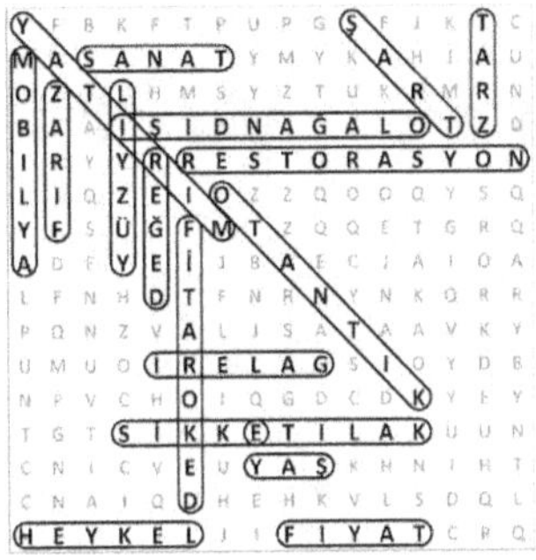

3 - Churrascos

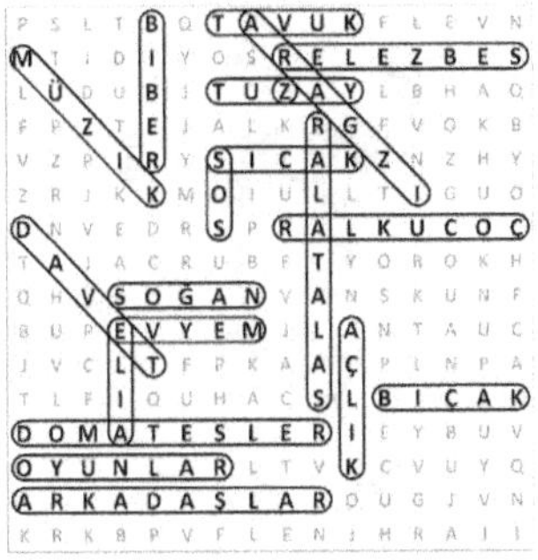

4 - Geologia

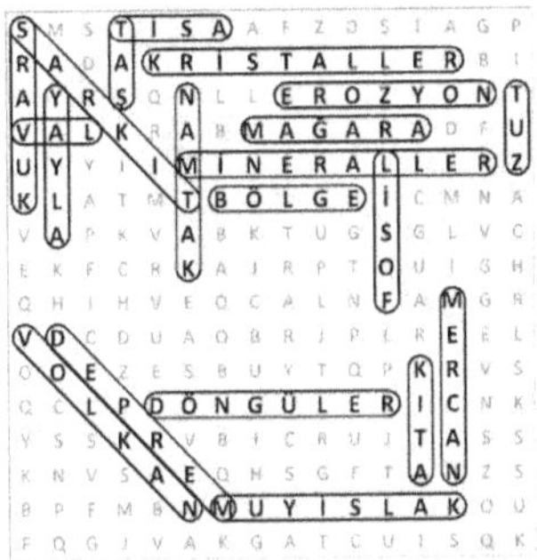

5 - Ética

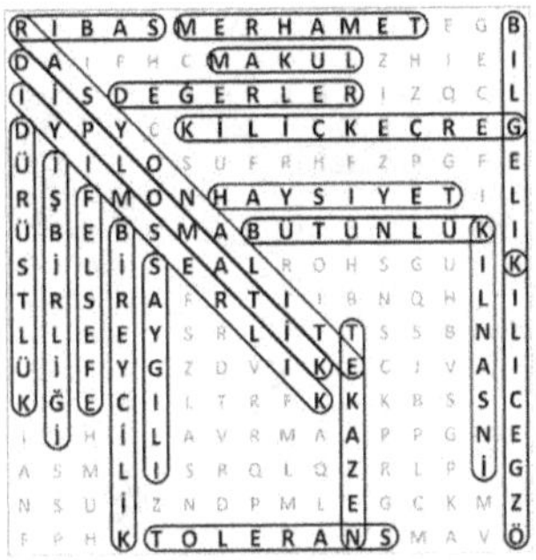

6 - Tempo

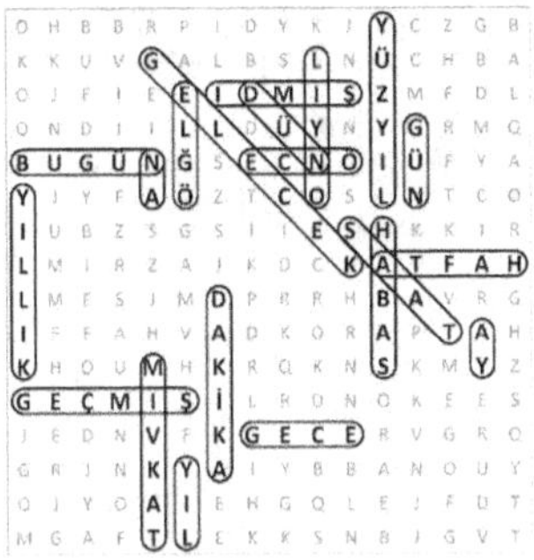

7 - Astronomia

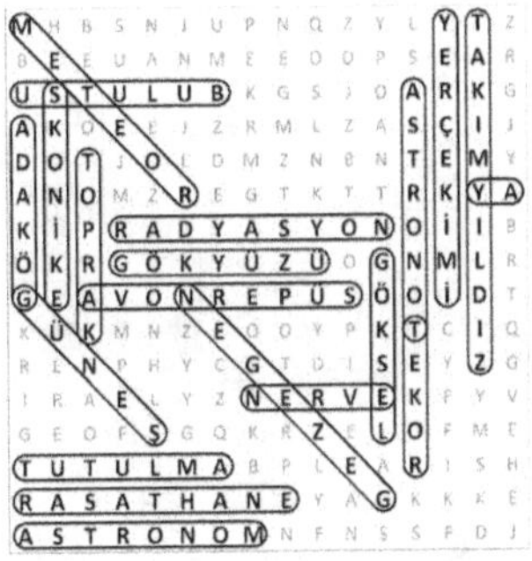

8 - Acampamento

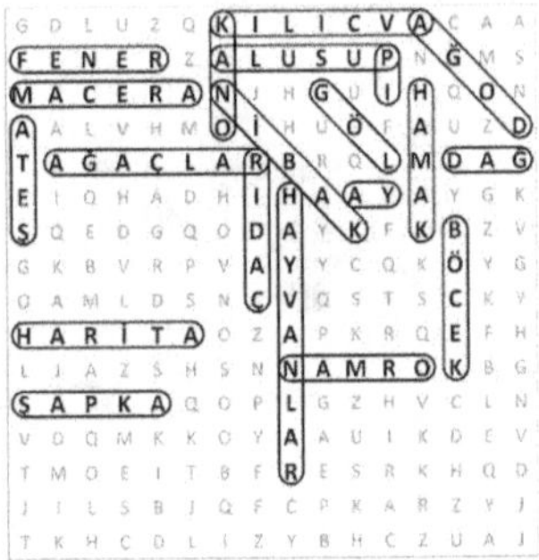

9 - Emoções

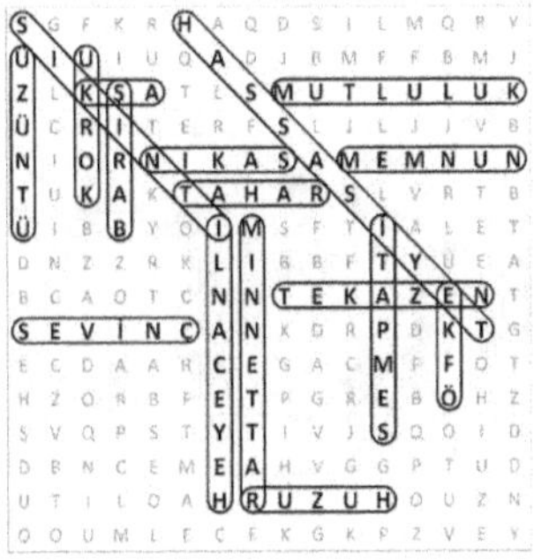

10 - Ficção Científica

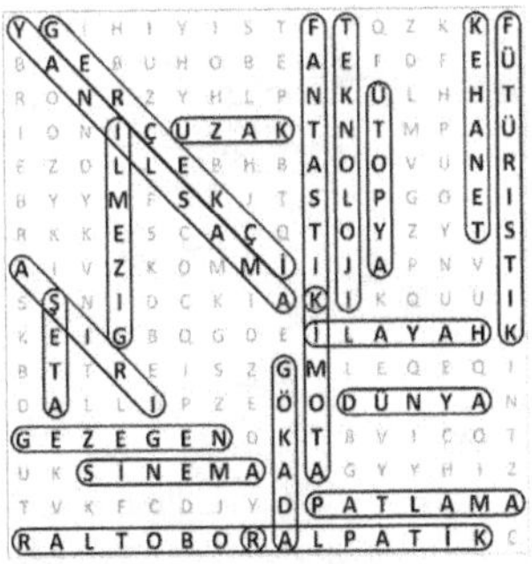

11 - Mitologia

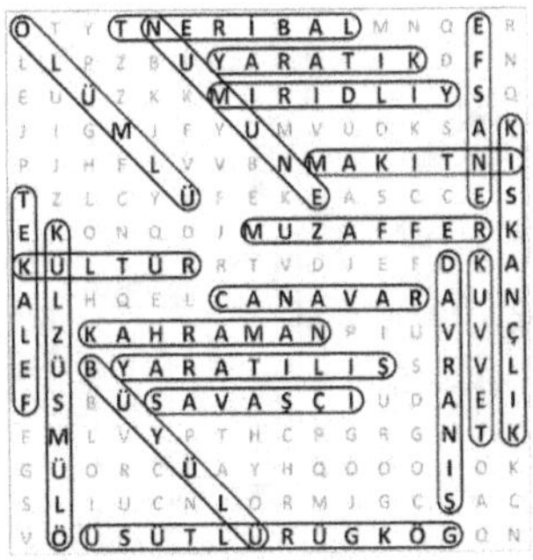

12 - Medições

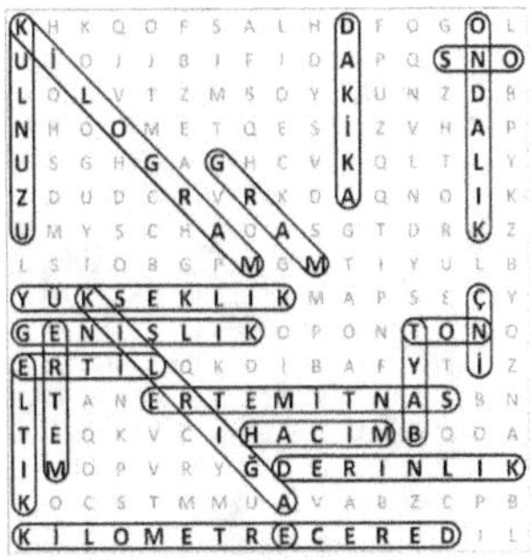

13 - Álgebra

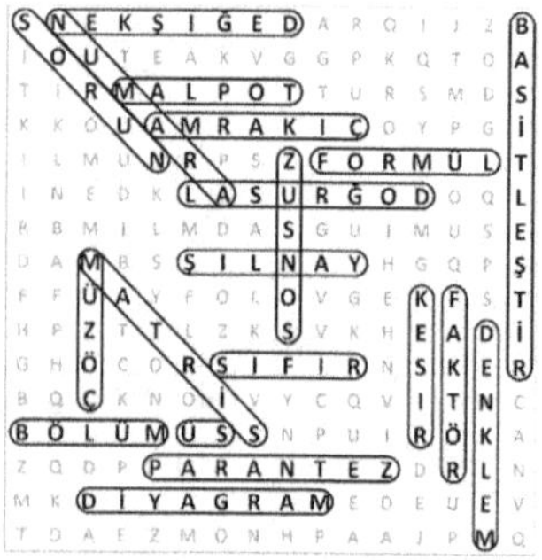

14 - Plantas

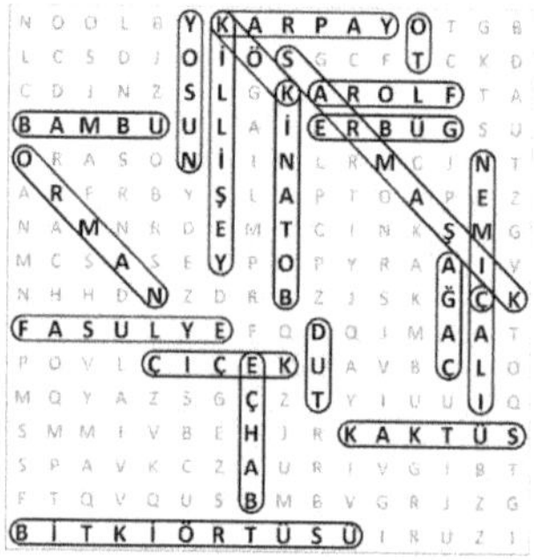

15 - Veículos

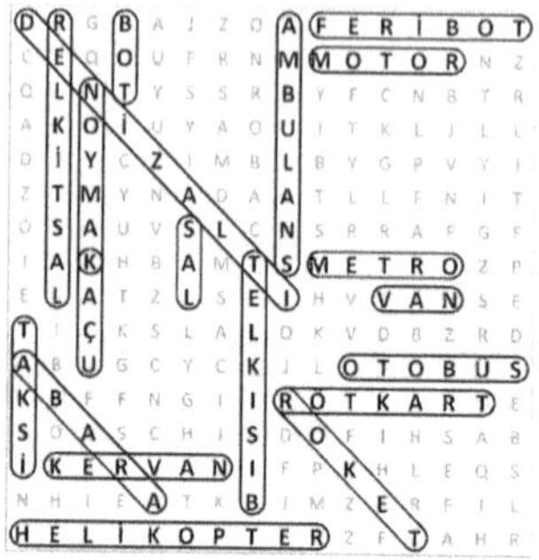

16 - Engenharia

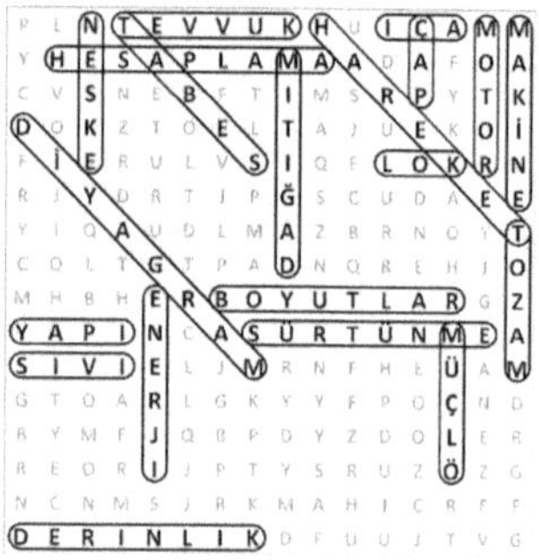

17 - Restaurante #2

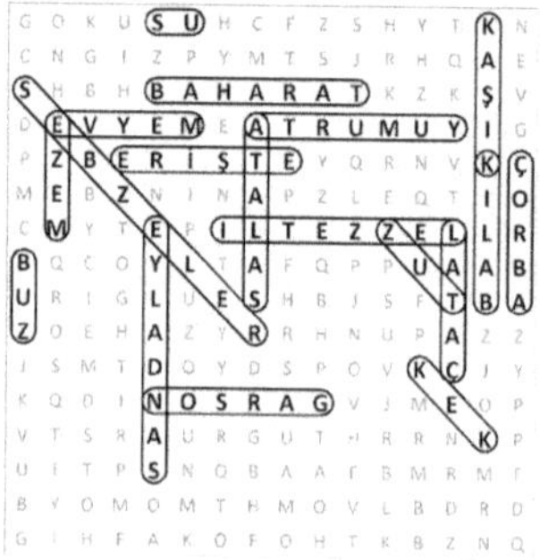

18 - Países #2

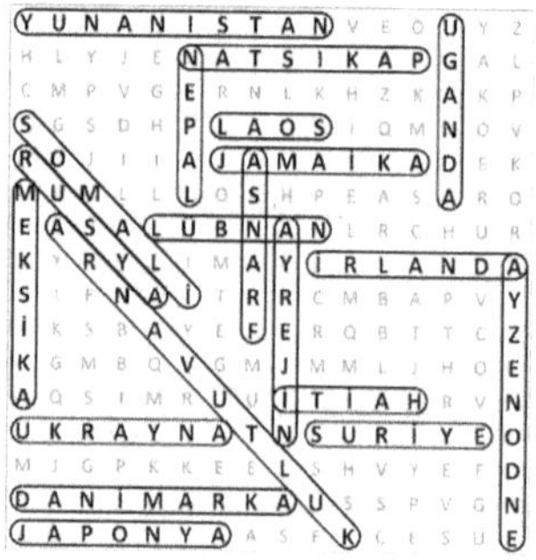

19 - Cozinha

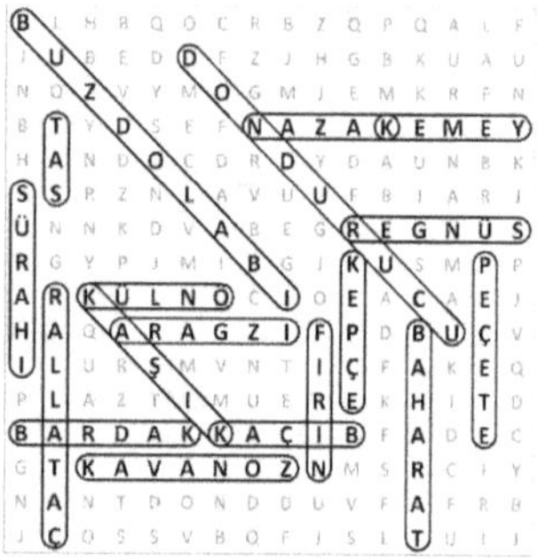

20 - Material de Arte

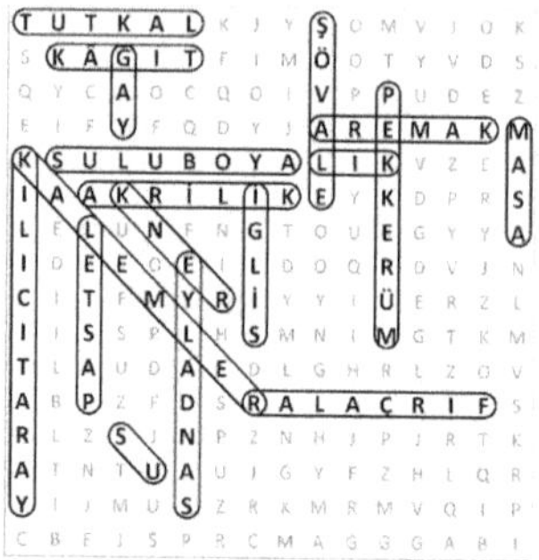

21 - Números

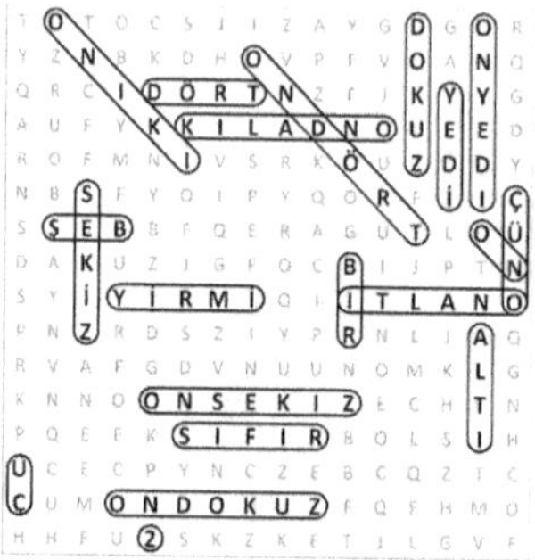

22 - Física

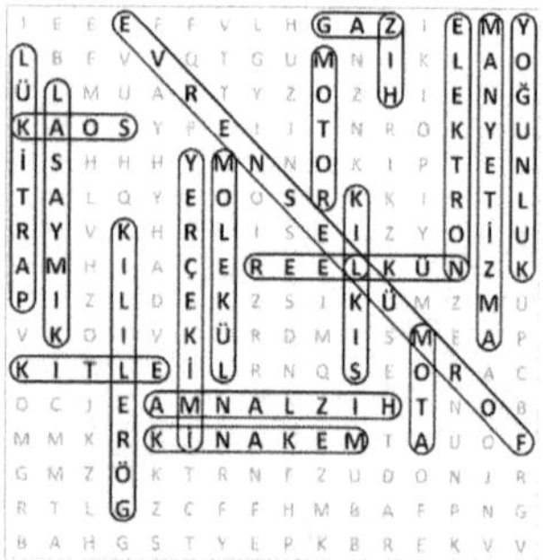

23 - Especiarias

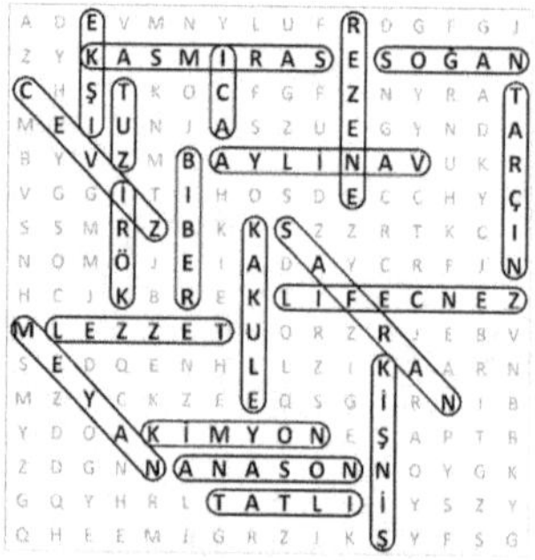

24 - Países #1

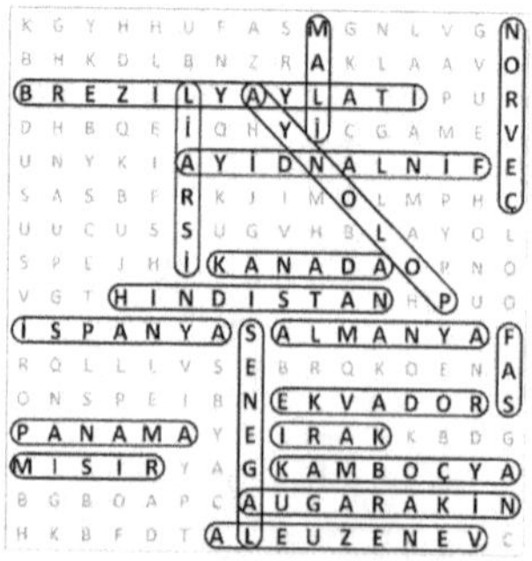

25 - Casa

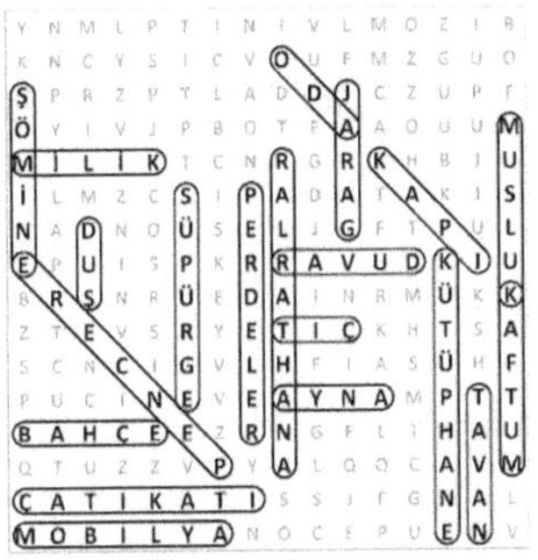

26 - Vegetais

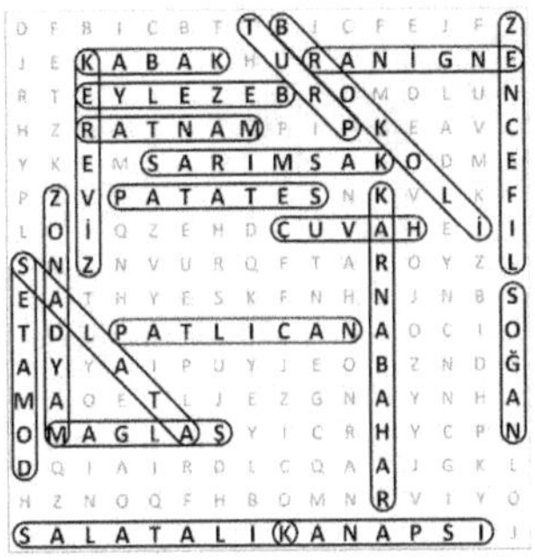

27 - Balé

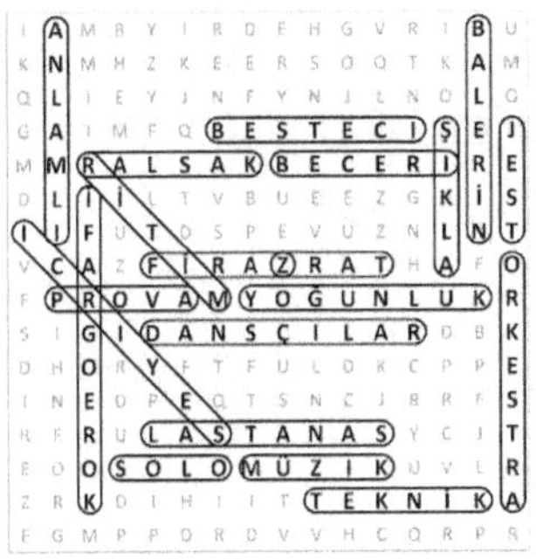

28 - Adjetivos #1

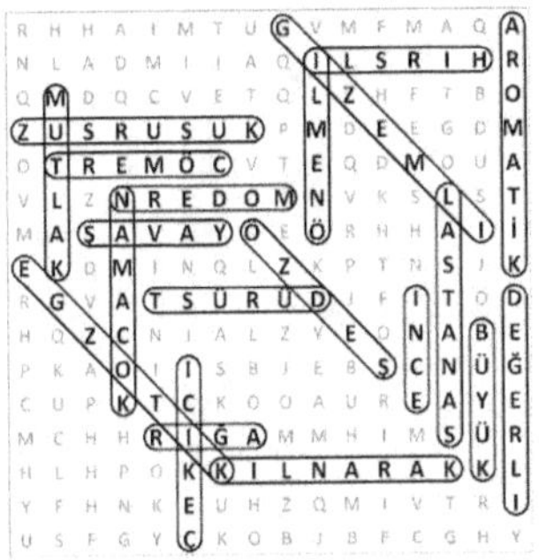

29 - Psicologia

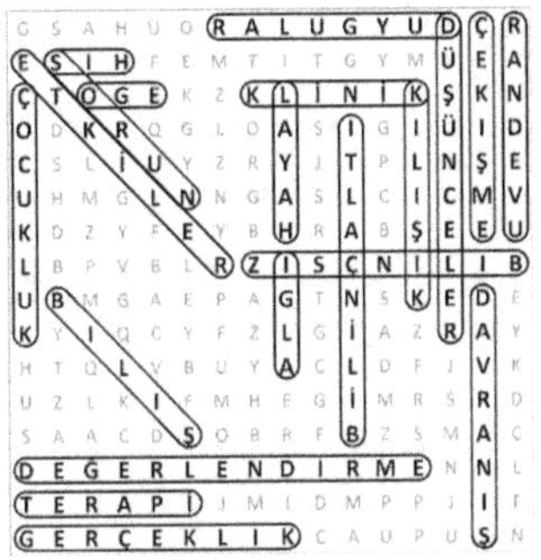

30 - Paisagens

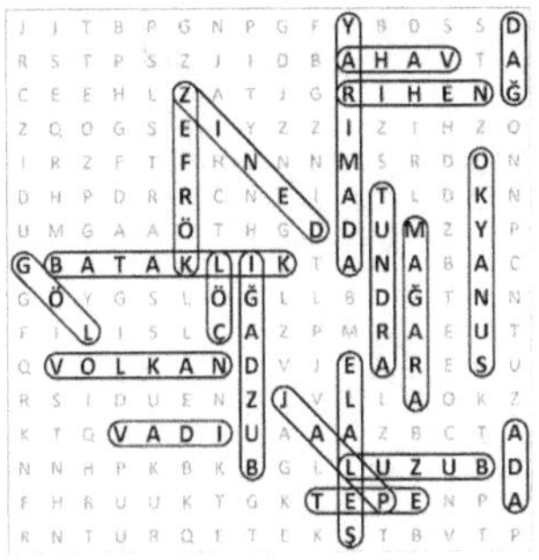

31 - Dança

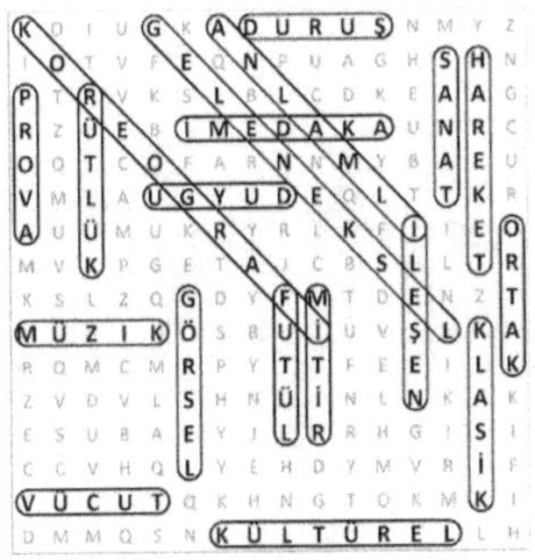

32 - Nutrição

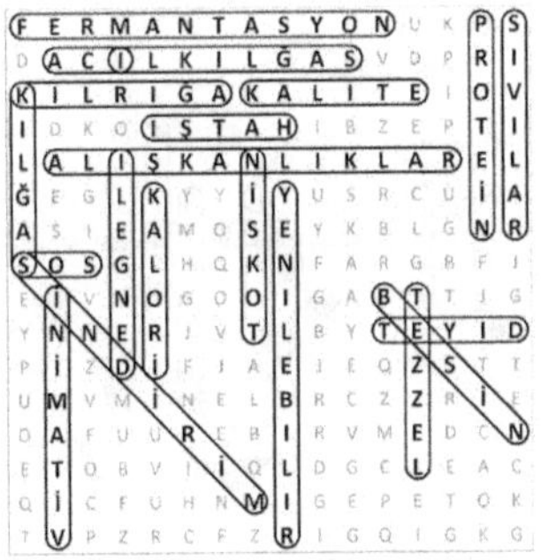

33 - Energia

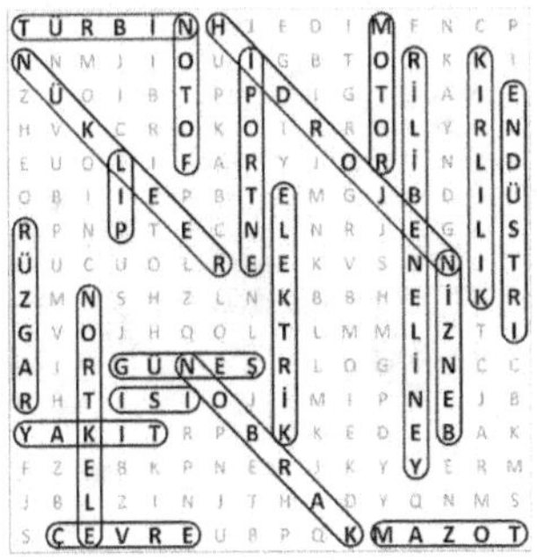

34 - Disciplinas Científicas

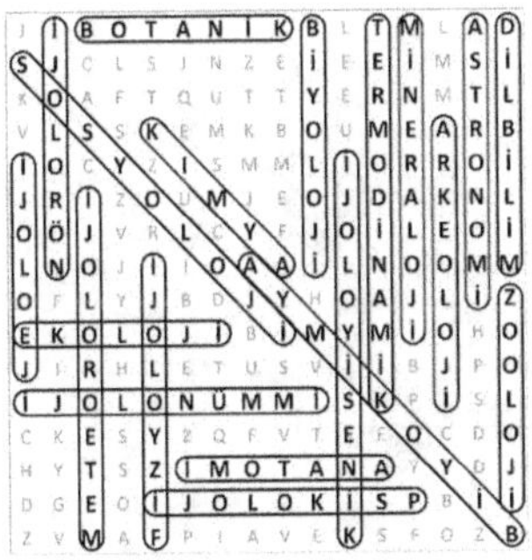

35 - Meditação

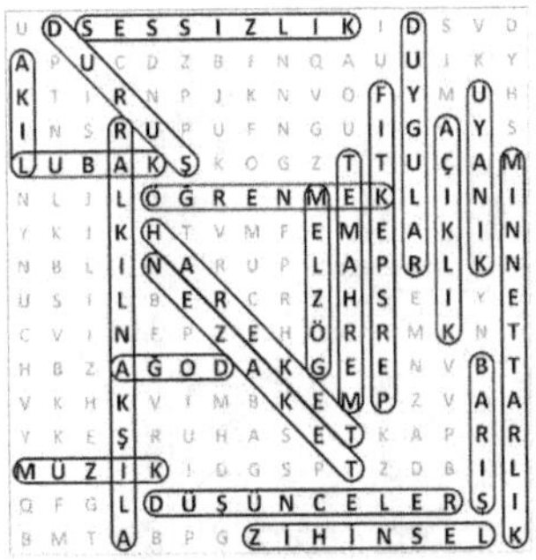

36 - Moda

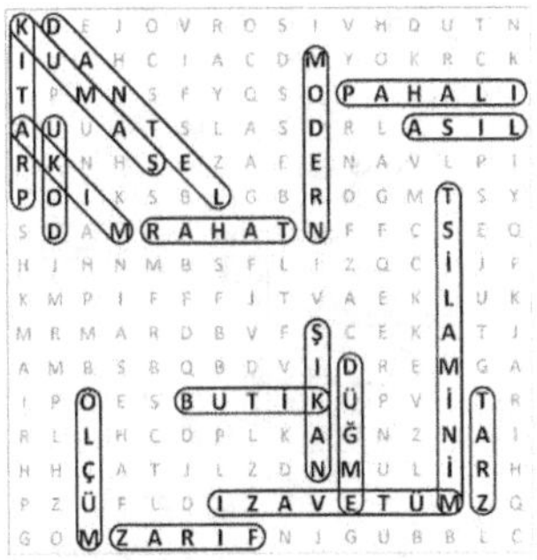

37 - Instrumentos Musicais

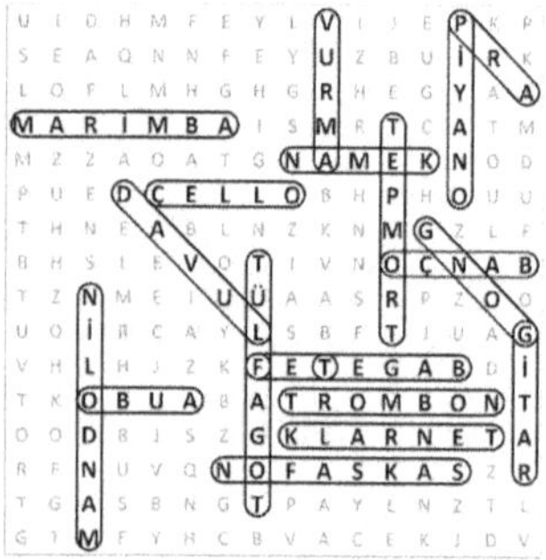

38 - Adjetivos #2

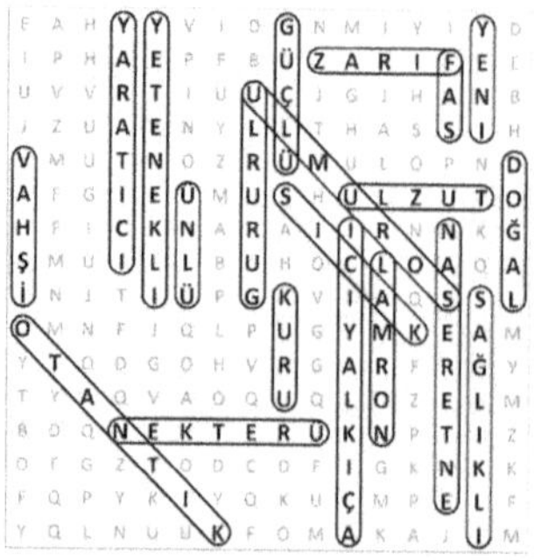

39 - Roupas

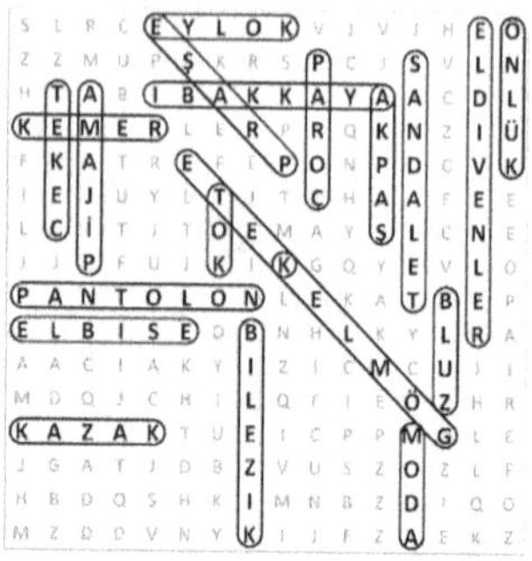

40 - Herbalismo

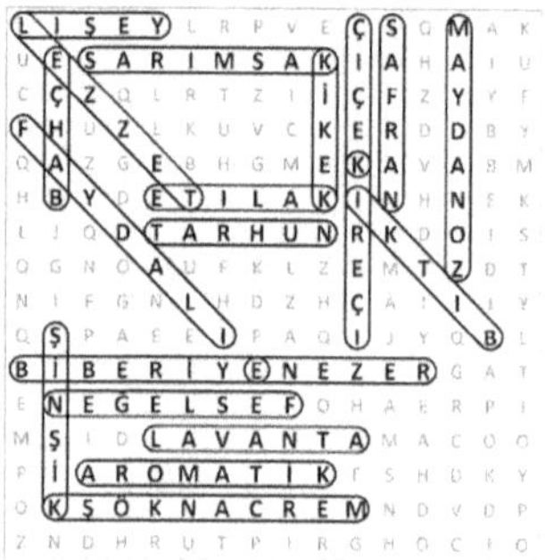

41 - Arqueologia

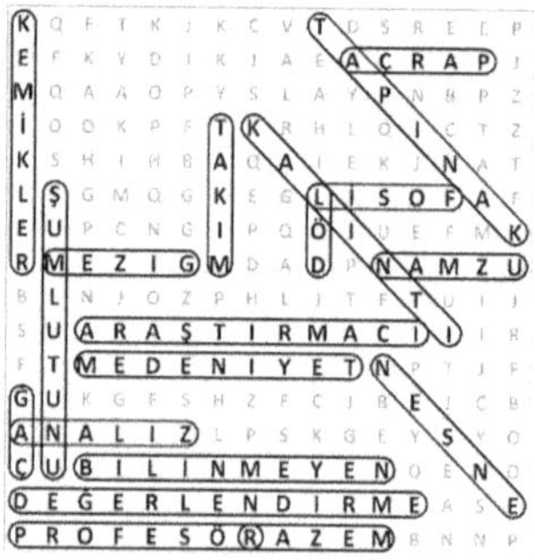

42 - Agronomia

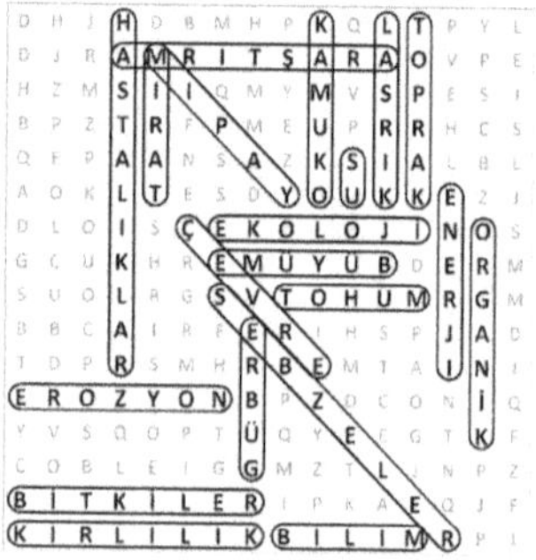

43 - Frutas

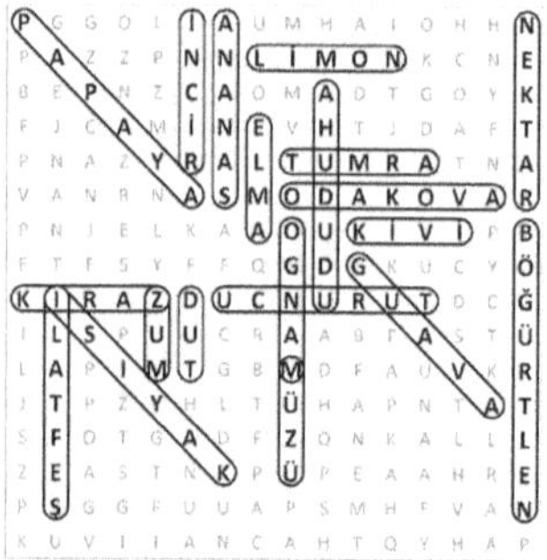

44 - Corpo Humano

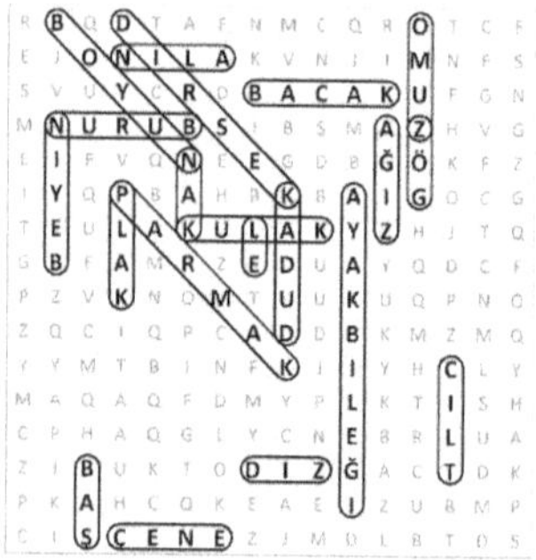

45 - Caminhada

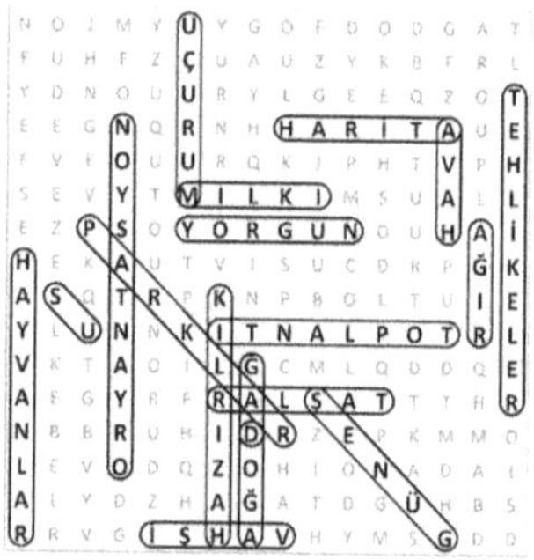

46 - Biologia

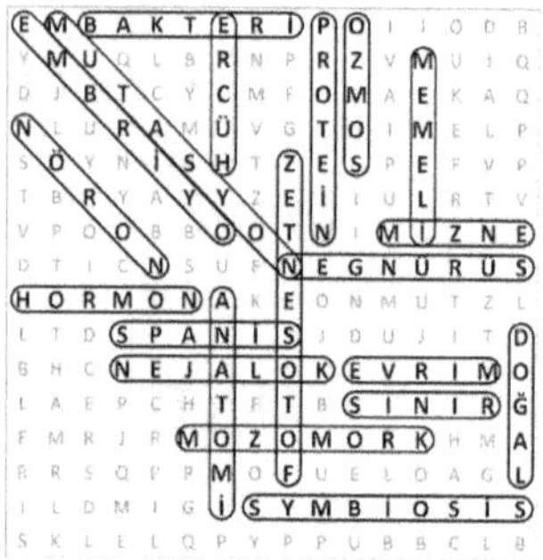

47 - Beleza

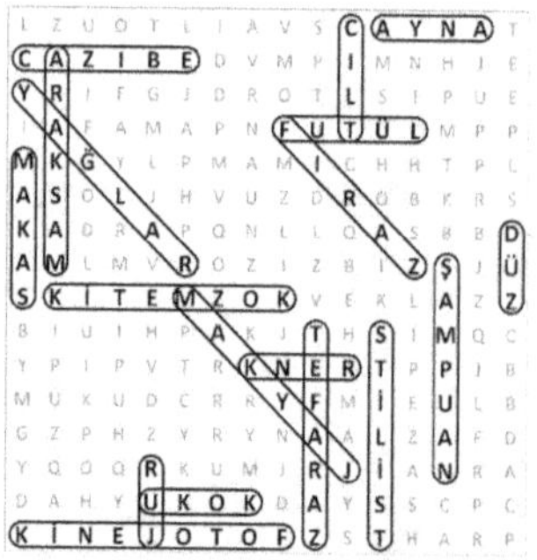

48 - Água

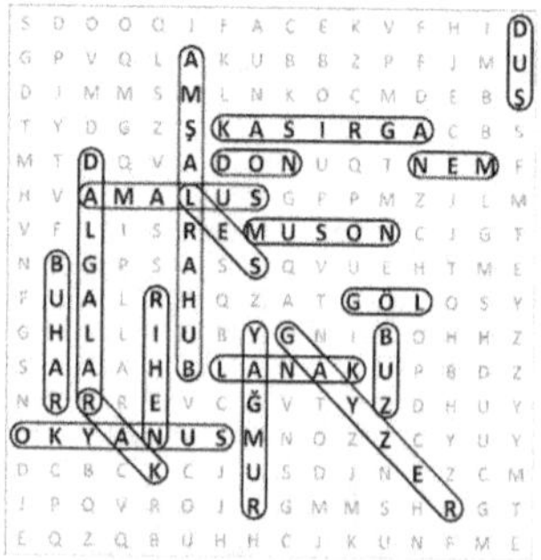

49 - Ecologia

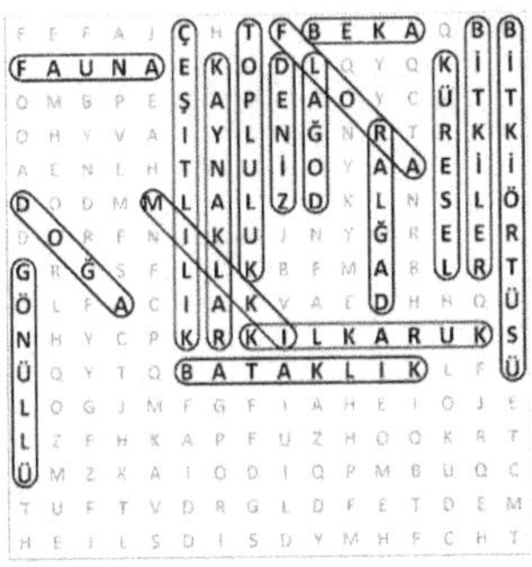

50 - Família

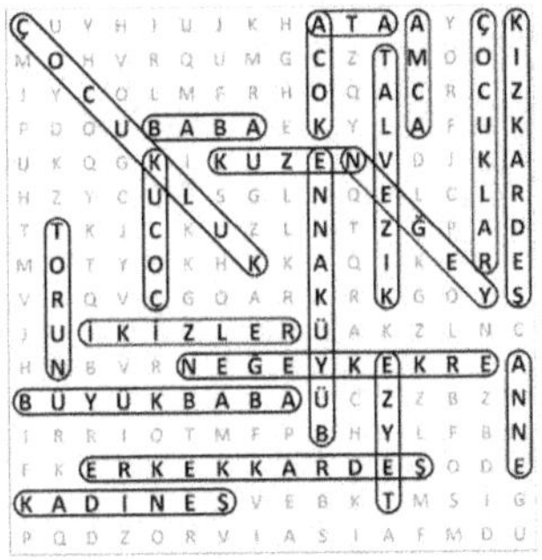

51 - Férias #2

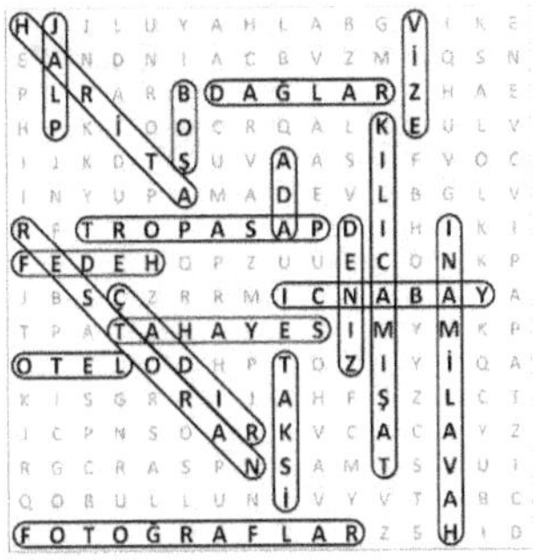

52 - Edifícios

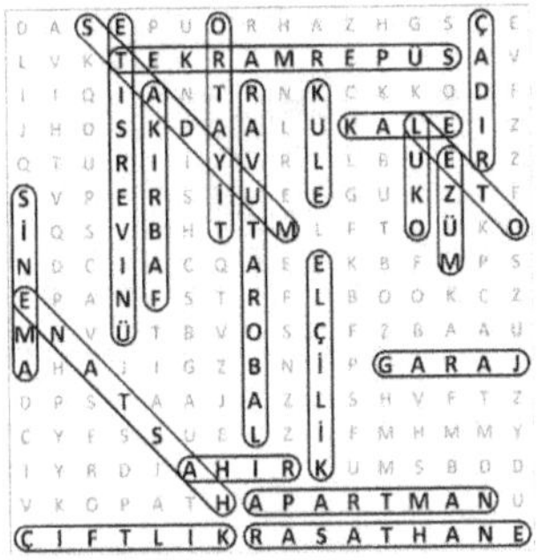

53 - Xadrez

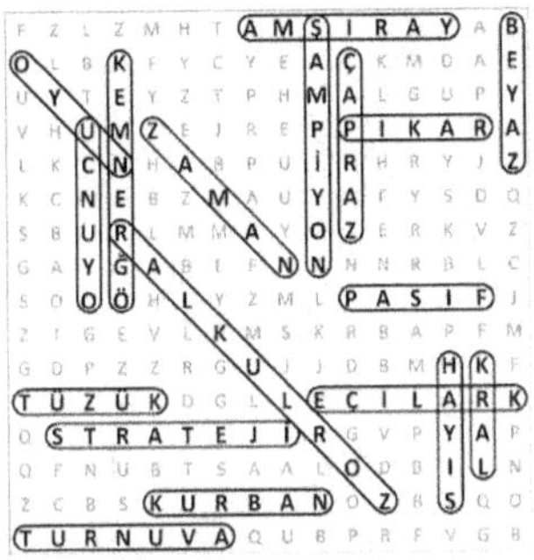

54 - Aventura

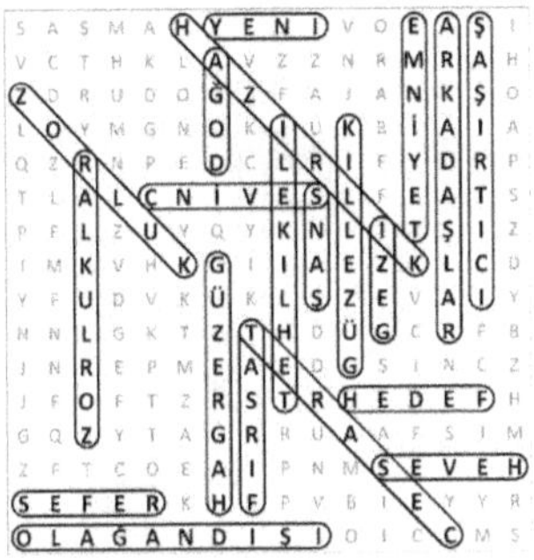

55 - Cidade

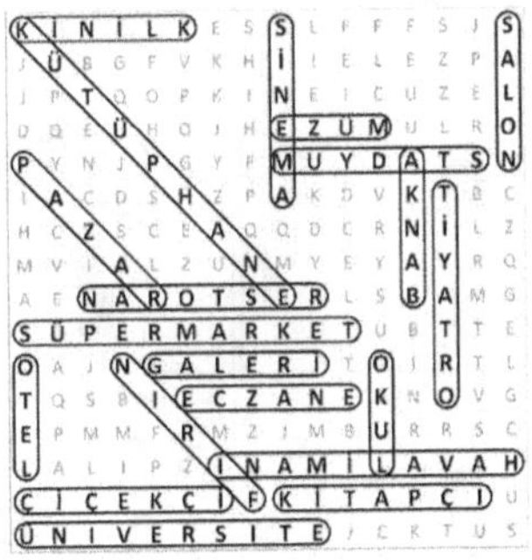

56 - Música

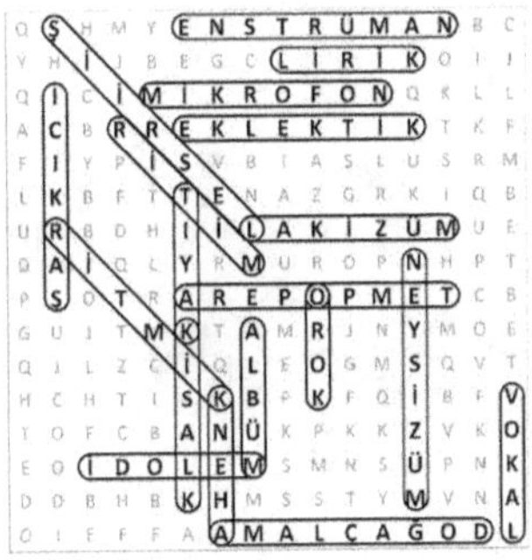

57 - Matemática

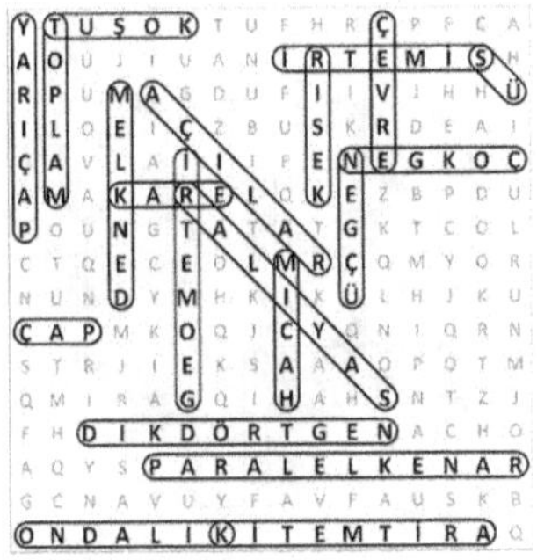

58 - Saúde e Bem Estar #1

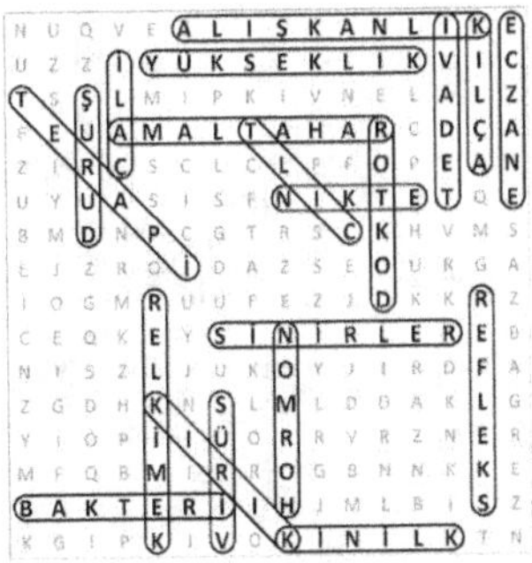

59 - Natureza

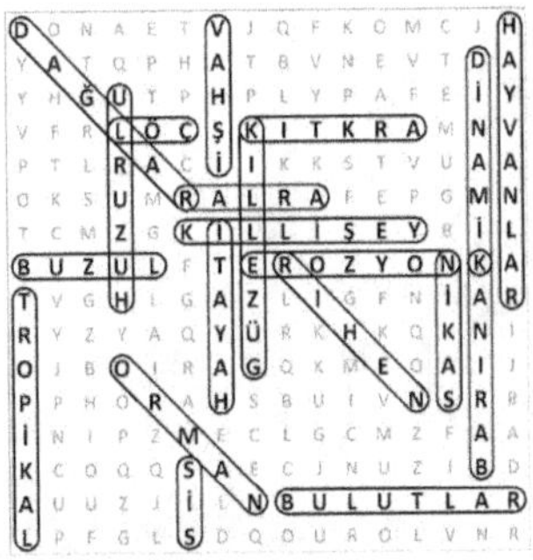

60 - A Empresa

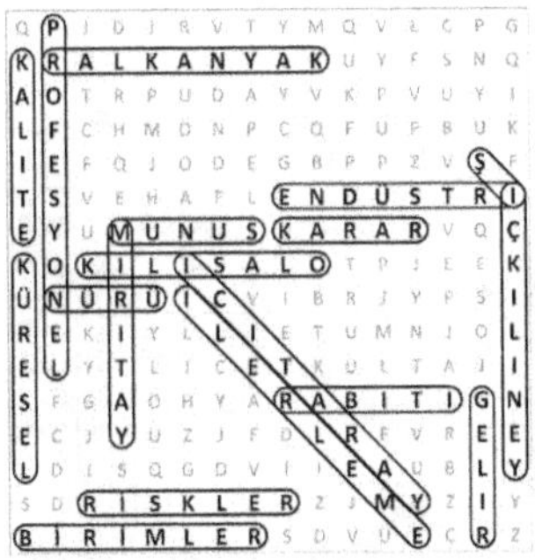

61 - Doença

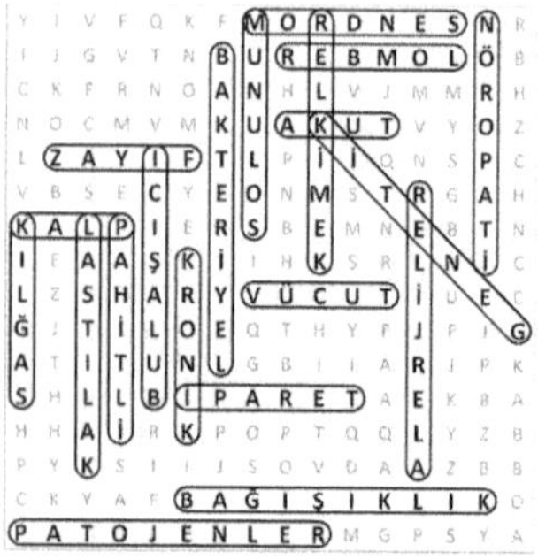

62 - Aquecimento Global

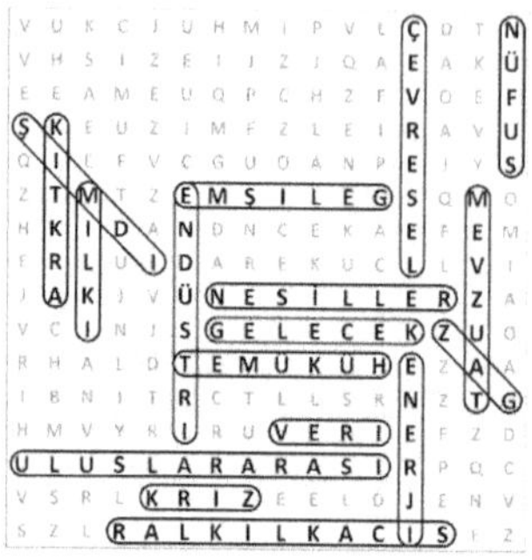

63 - Aviões

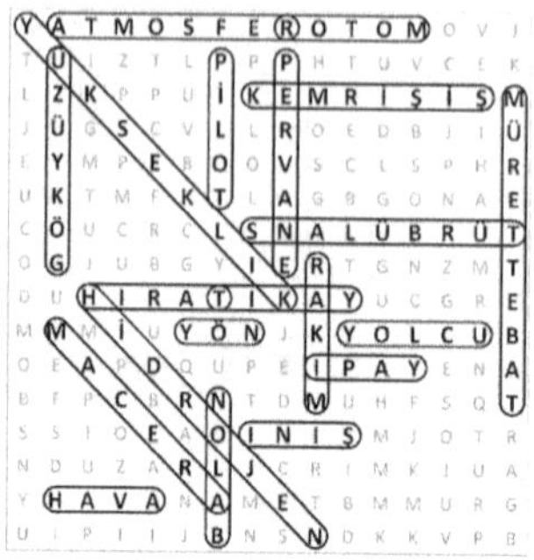

64 - Tipos de Cabelo

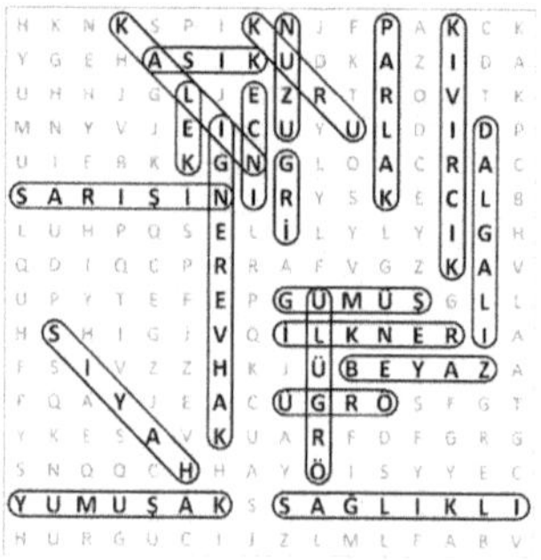

65 - Formas

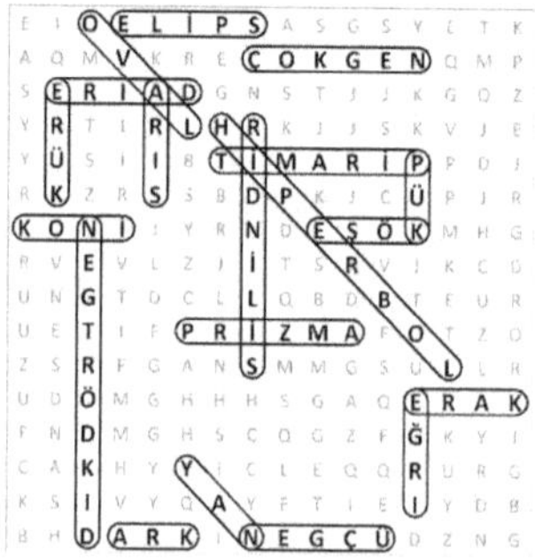

66 - Dias e Meses

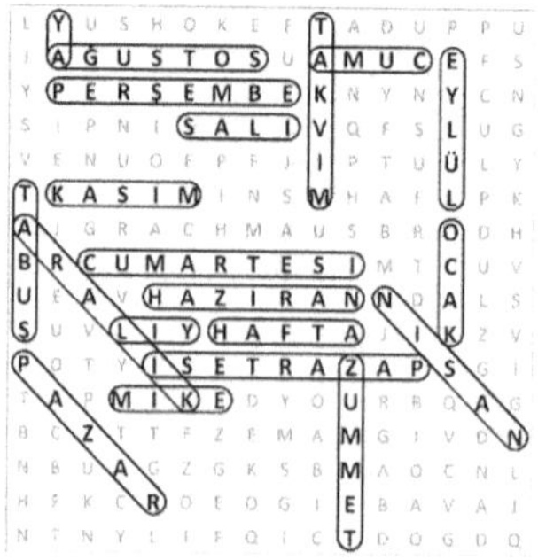

67 - Saúde e Bem Estar #2

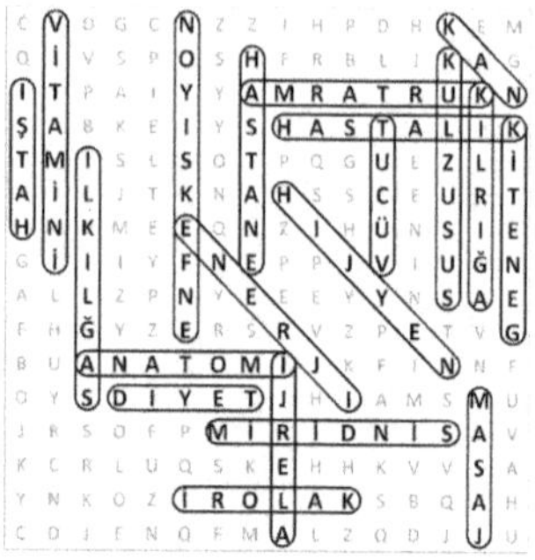

68 - Geografia

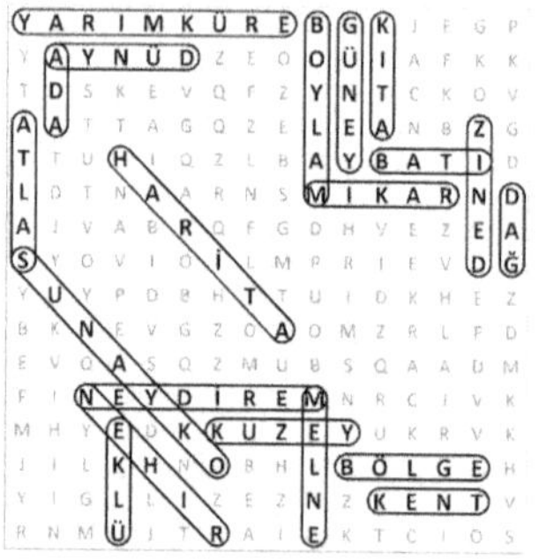

69 - Antártica

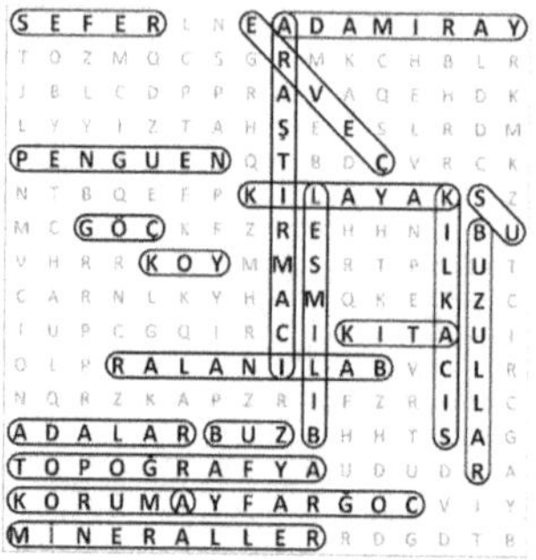

70 - Flores

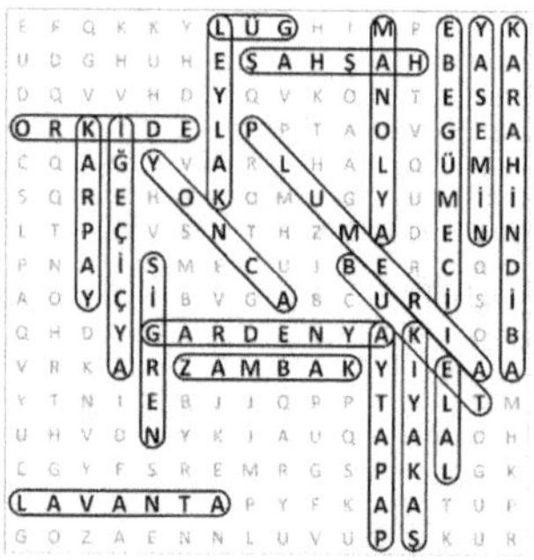

71 - Fazenda #1

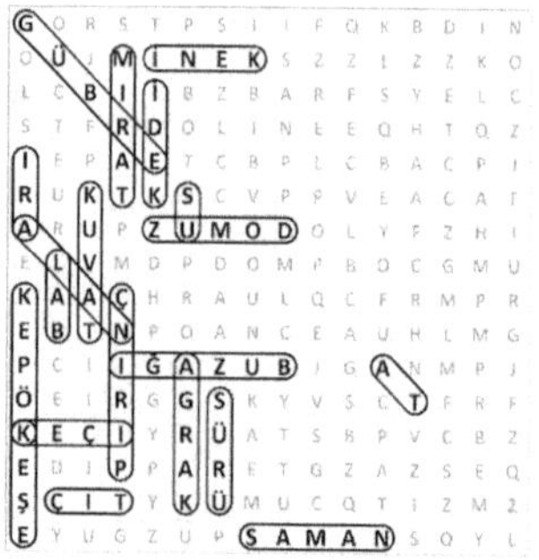

72 - Livros

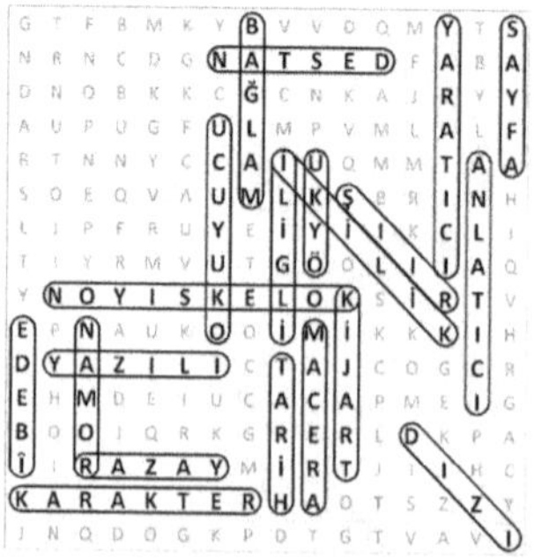

73 - Chocolate

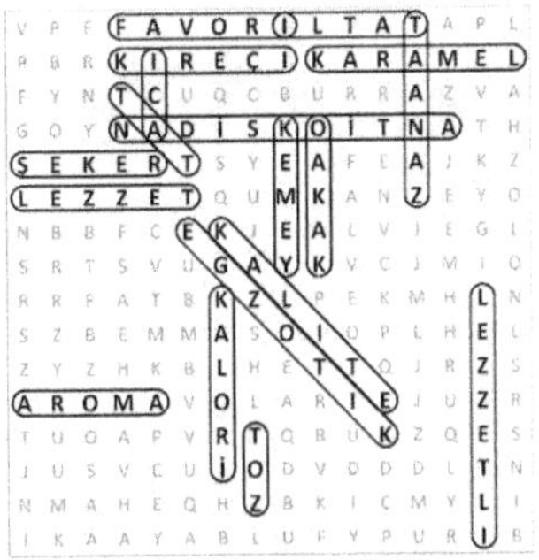

74 - Governo

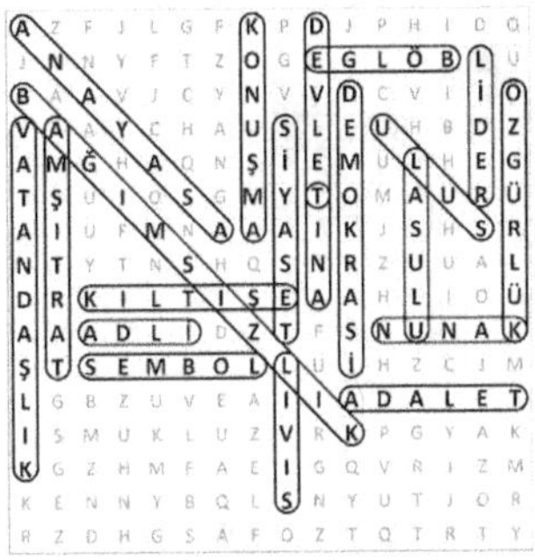

75 - Jardinagem

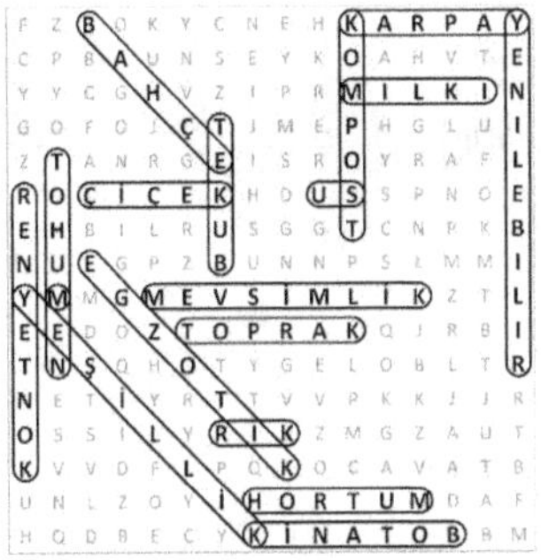

76 - Profissões #2

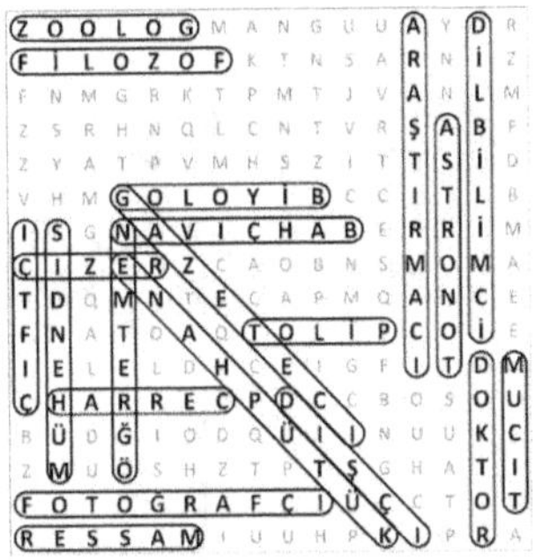

77 - Negócios

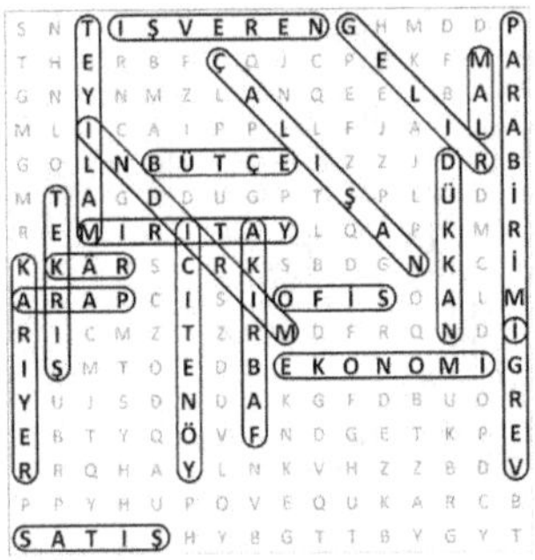

78 - Fazenda #2

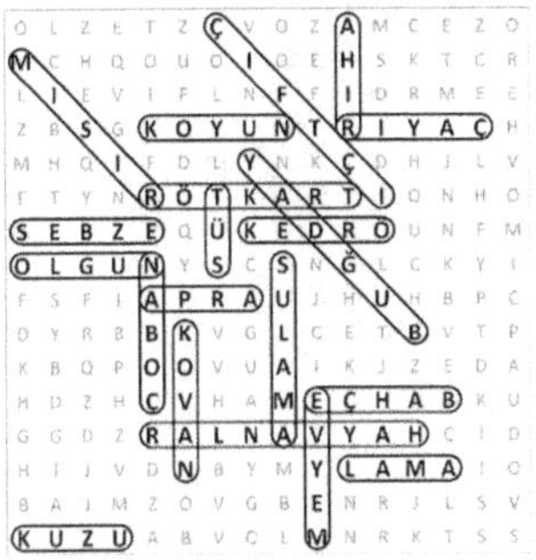

79 - Jardim

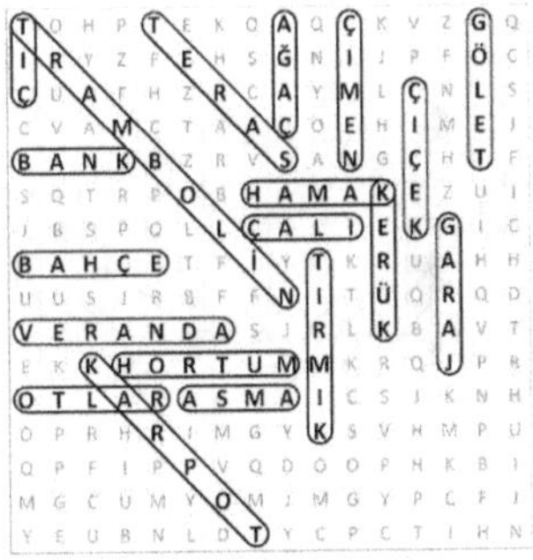

80 - Política

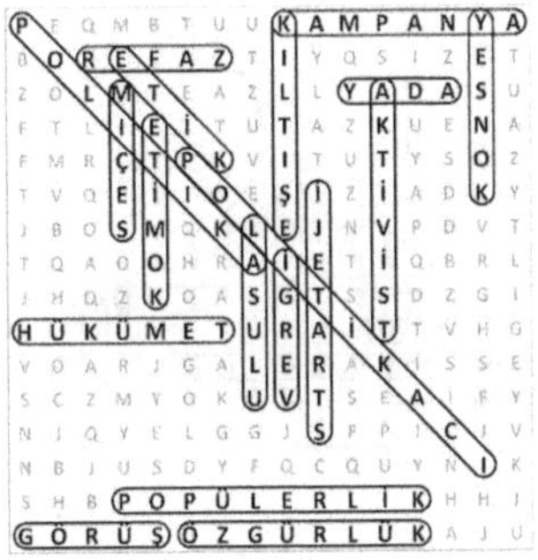

81 - Oceano

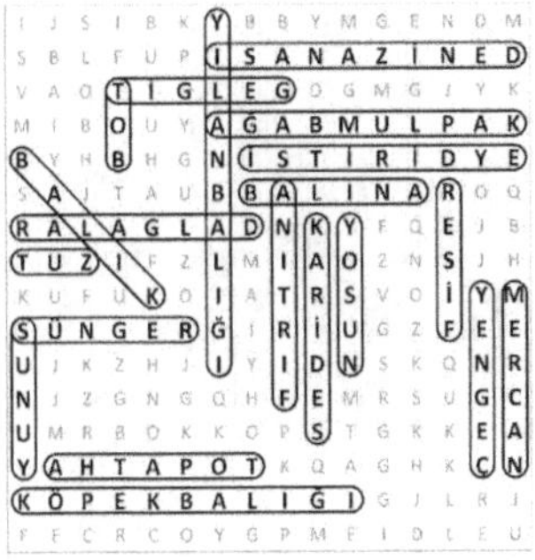

82 - Profissões #1

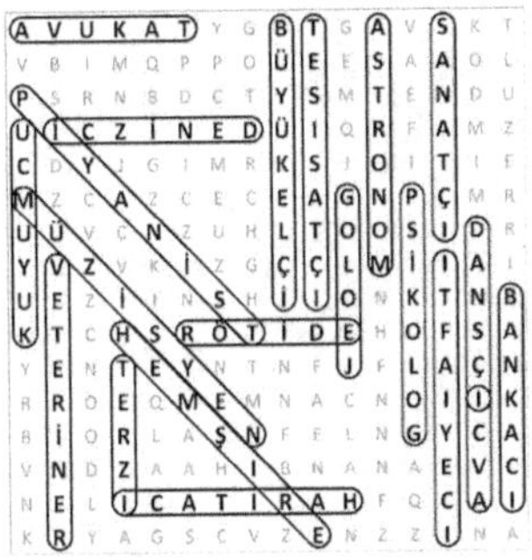

83 - Força e Gravidade

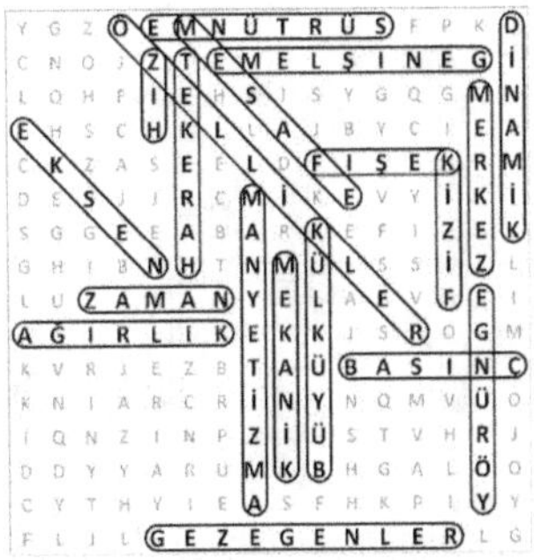

84 - Abelhas

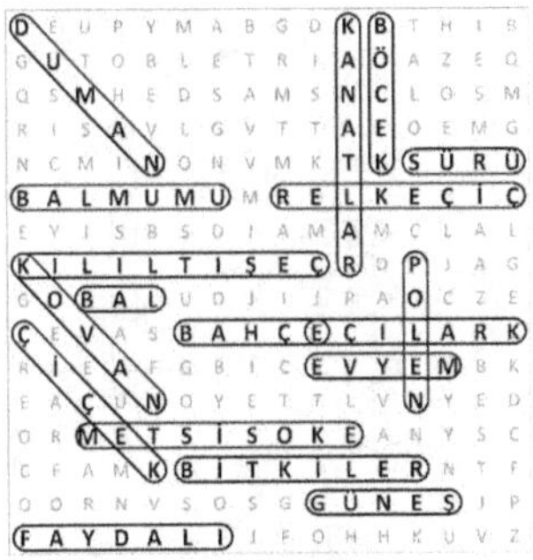

85 - Ciência

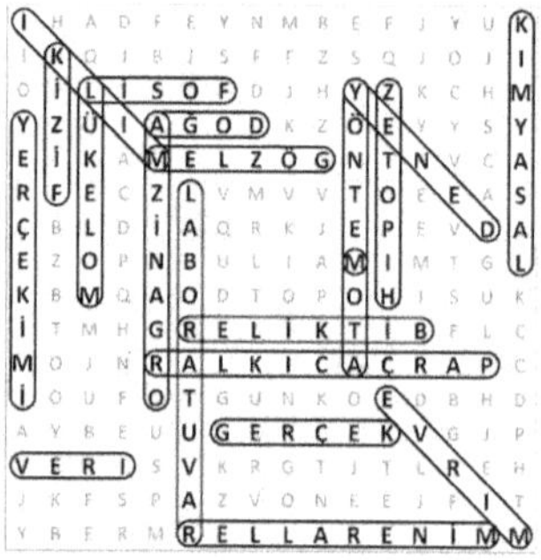

86 - Comida #1

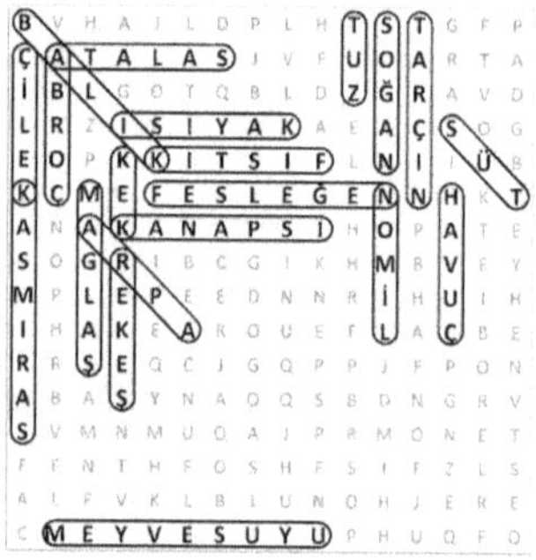

87 - Geometria

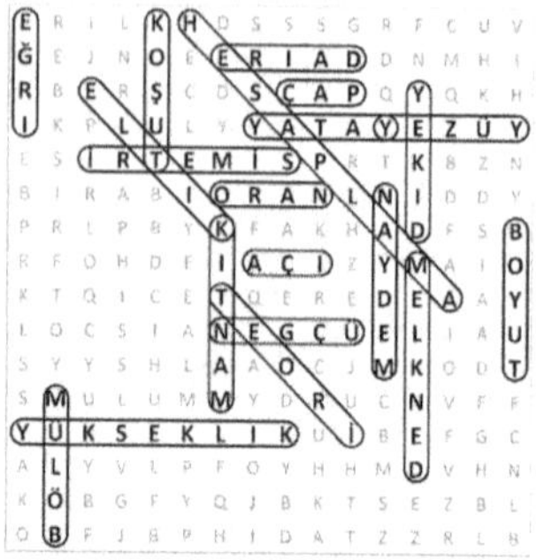

88 - Pássaros

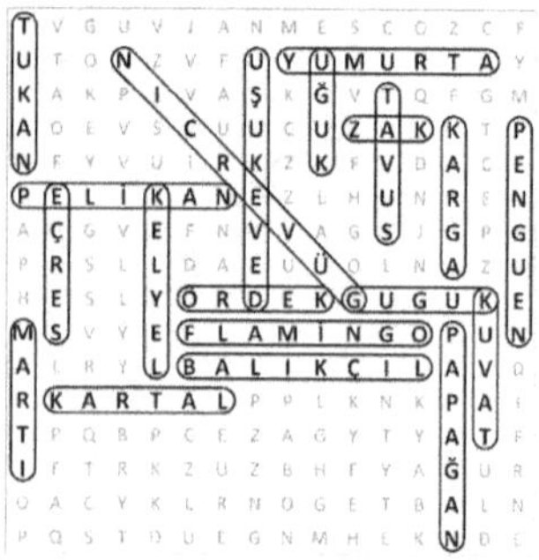

89 - Literatura

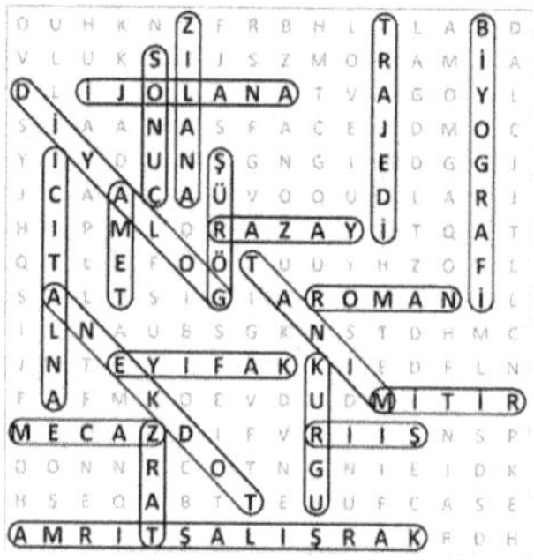

90 - Química

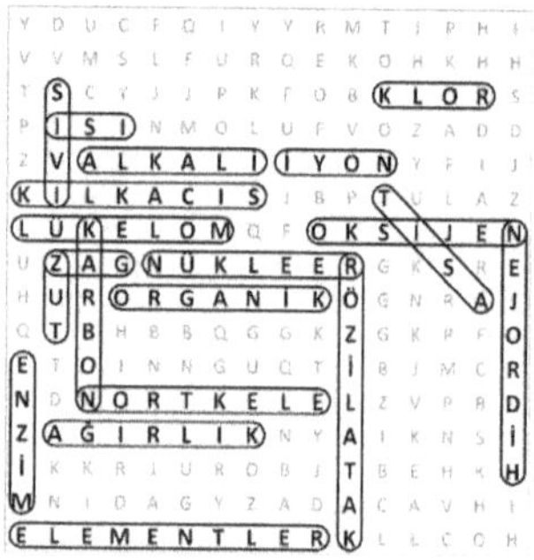

91 - Clima

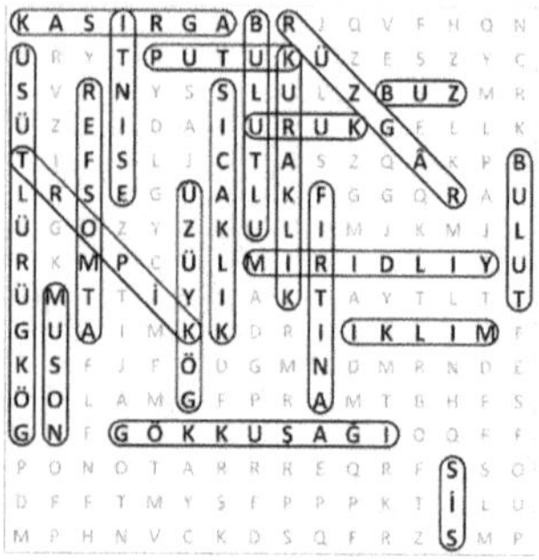

92 - Tecnologia

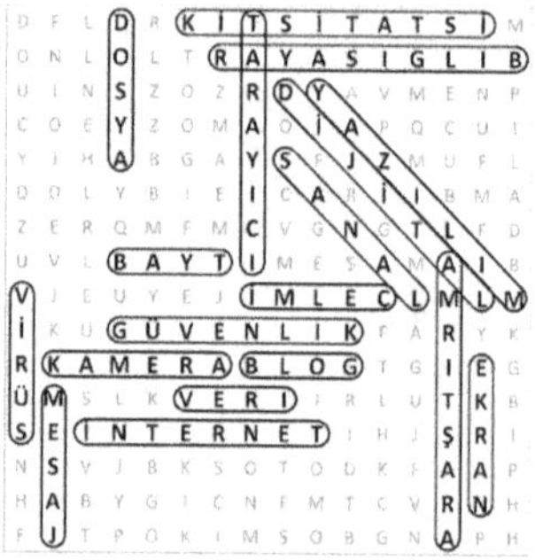

93 - Diplomacia

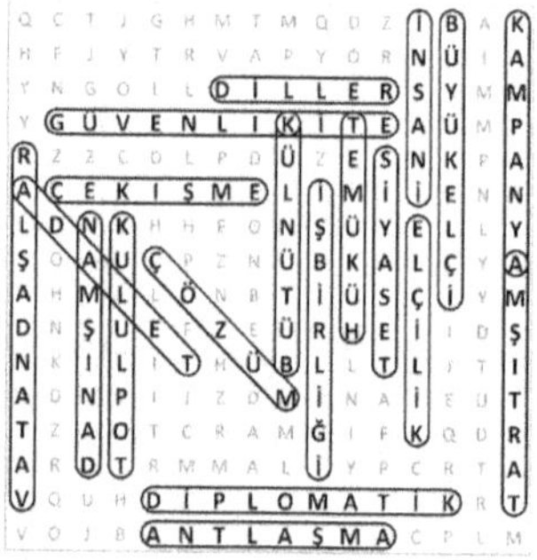

94 - Esportes

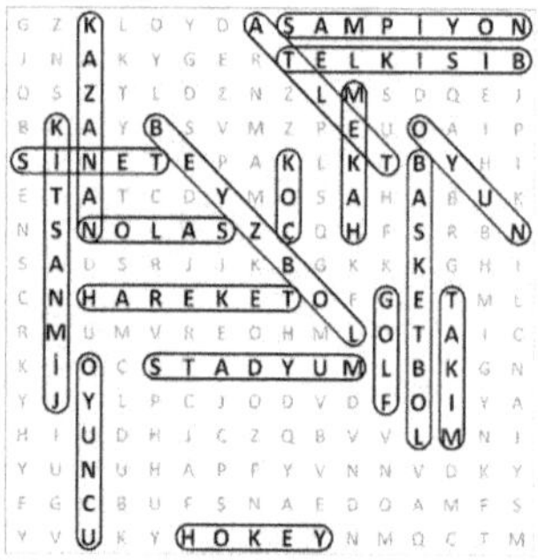

95 - Comida # 2

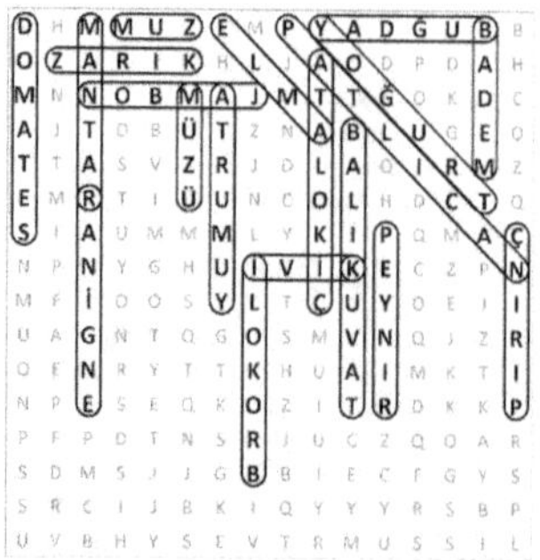

96 - Universo

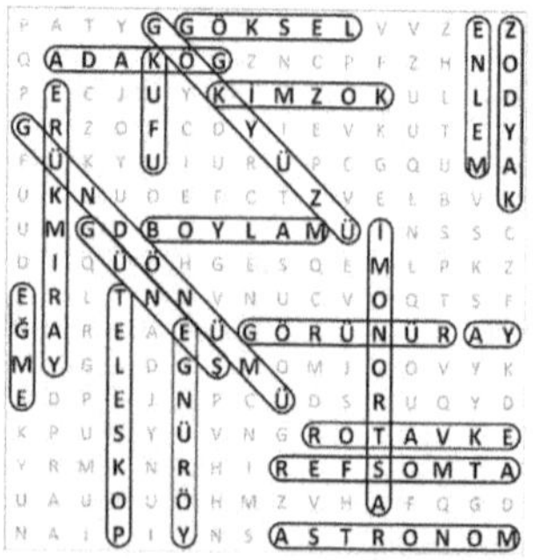

97 - Jazz

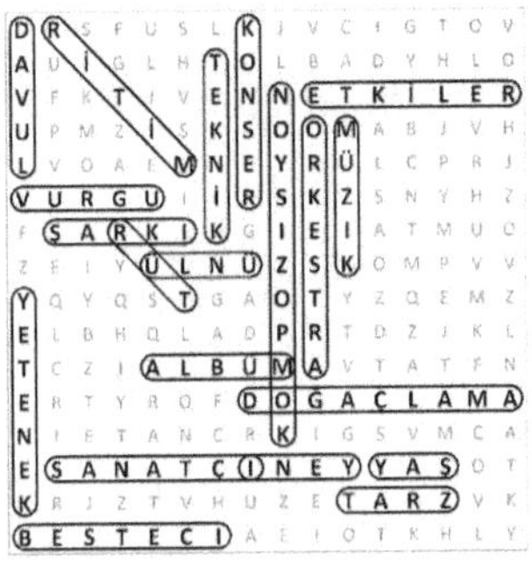

98 - Barcos

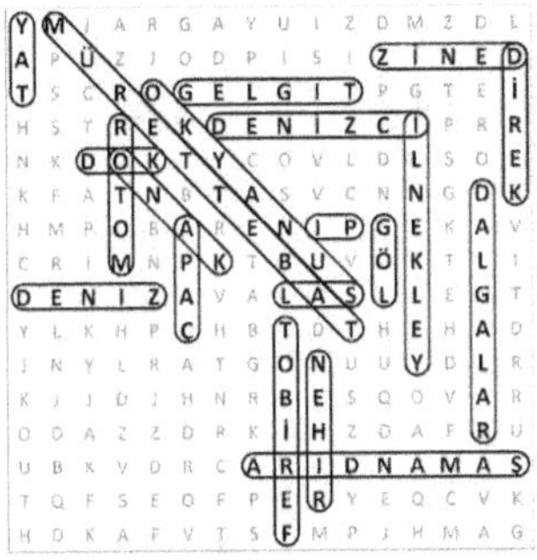

99 - Mamíferos

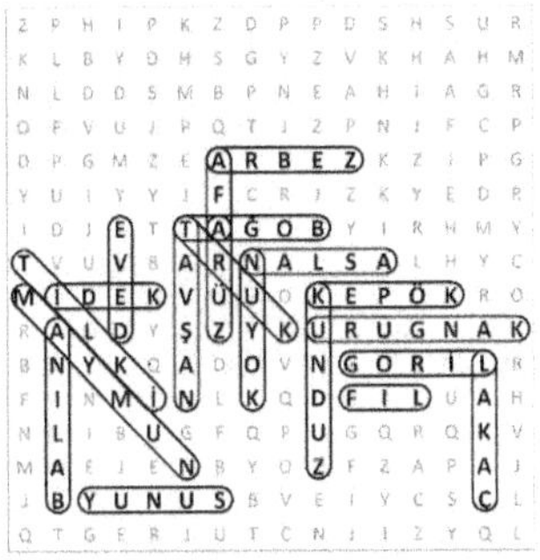

100 - Atividades e Lazer

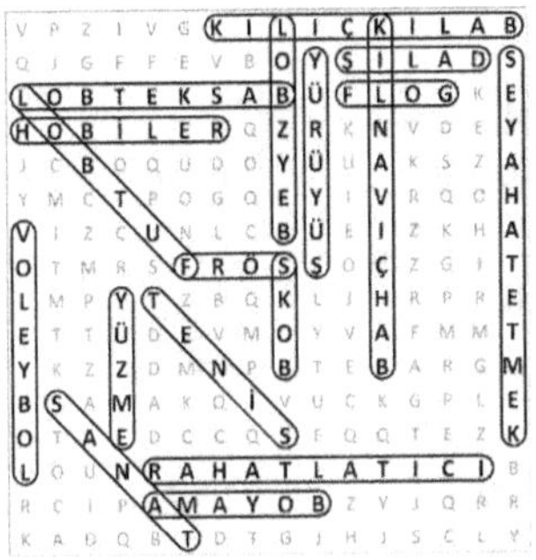

Dicionário

A Empresa
Şirket

Apresentação	Sunum
Criativo	Yaratici
Decisão	Karar
Emprego	Iş
Global	Küresel
Indústria	Endüstri
Inovador	Yenilikçi
Investimento	Yatirim
Possibilidade	Olasilik
Produto	Ürün
Profissional	Profesyonel
Progresso	Ilerleme
Qualidade	Kalite
Receita	Gelir
Recursos	Kaynaklar
Reputação	Itibar
Riscos	Riskler
Unidades	Birimler

Abelhas
Arılar

Asas	Kanatlar
Benéfico	Faydali
Cera	Balmumu
Colmeia	Kovan
Diversidade	Çeşitlilik
Ecossistema	Ekosistem
Enxame	Sürü
Flor	Çiçek
Flores	Çiçekler
Fruta	Meyve
Fumaça	Duman
Inseto	Böcek
Jardim	Bahçe
Mel	Bal
Plantas	Bitkiler
Pólen	Polen
Rainha	Kraliçe
Sol	Güneş

Acampamento
Kamp Yapmak

Animais	Hayvanlar
Aventura	Macera
Árvores	Ağaçlar
Bússola	Pusula
Cabine	Kabin
Caça	Avcilik
Canoa	Kano
Chapéu	Şapka
Corda	Ip
Floresta	Orman
Fogo	Ateş
Inseto	Böcek
Lago	Göl
Lanterna	Fener
Lua	Ay
Maca	Hamak
Mapa	Harita
Montanha	Dağ
Natureza	Doğa
Tenda	Çadir

Adjetivos #1
Sıfatlar #1

Absoluto	Mutlak
Ambicioso	Hirsli
Aromático	Aromatik
Artístico	Sanatsal
Atraente	Çekici
Enorme	Kocaman
Escuro	Karanlik
Exótico	Egzotik
Fino	Ince
Generoso	Cömert
Grande	Büyük
Honesto	Dürüst
Idêntico	Özdeş
Importante	Önemli
Lento	Yavaş
Misterioso	Gizemli
Moderno	Modern
Perfeito	Kusursuz
Pesado	Ağir
Valioso	Değerli

Adjetivos #2
Sıfatlar #2

Autêntico	Otantik
Criativo	Yaratici
Descritivo	Açiklayici
Dotado	Yetenekli
Elegante	Zarif
Famoso	Ünlü
Forte	Güçlü
Interessante	Enteresan
Natural	Doğal
Normal	Normal
Novo	Yeni
Orgulhoso	Gururlu
Produtivo	Üretken
Puro	Saf
Quente	Sicak
Responsável	Sorumlu
Salgado	Tuzlu
Saudável	Sağlikli
Seco	Kuru
Selvagem	Vahşi

Agronomia
Tarım

Agricultura	Tarim
Ambiente	Çevre
Água	Su
Ciência	Bilim
Crescimento	Büyüme
Doenças	Hastaliklar
Ecologia	Ekoloji
Energia	Enerji
Erosão	Erozyon
Estudo	Okumak
Fertilizante	Gübre
Legumes	Sebzeler
Orgânico	Organik
Pesquisa	Araştirma
Plantas	Bitkiler
Poluição	Kirlilik
Produção	Yapim
Rural	Kirsal
Sementes	Tohum
Solo	Toprak

Antártica
Antarktika

Ambiente	Çevre
Água	Su
Baía	Koy
Baleias	Balinalar
Científico	Bilimsel
Conservação	Koruma
Continente	Kita
Expedição	Sefer
Geleiras	Buzullar
Gelo	Buz
Geografia	Coğrafya
Ilhas	Adalar
Investigador	Araştirmaci
Migração	Göç
Minerais	Mineraller
Península	Yarimada
Pinguins	Penguen
Rochoso	Kayalik
Temperatura	Sicaklik
Topografia	Topoğrafya

Antiguidades
Antikacılar

Arte	Sanat
Autêntico	Otantik
Condição	Şart
Decorativo	Dekoratif
Elegante	Zarif
Escultura	Heykel
Estilo	Tarz
Galeria	Galeri
Incomum	Olağan Dişi
Investimento	Yatirim
Mobiliário	Mobilya
Moedas	Sikke
Preço	Fiyat
Qualidade	Kalite
Restauração	Restorasyon
Século	Yüzyil
Valor	Değer
Velho	Yaş

Aquecimento Global
Küresel Isınma

Agora	Şimdi
Ambiental	Çevresel
Ártico	Arktik
Clima	Iklim
Crise	Kriz
Dados	Veri
Desenvolvimento	Gelişme
Energia	Enerji
Futuro	Gelecek
Gás	Gaz
Gerações	Nesiller
Governo	Hükümet
Indústria	Endüstri
Internacional	Uluslararasi
Legislação	Mevzuat
Populações	Nüfus
Temperaturas	Sicakliklar

Arqueologia
Arkeoloji

Análise	Analiz
Avaliação	Değerlendirme
Civilização	Medeniyet
Descendente	Döl
Desconhecido	Bilinmeyen
Equipe	Takim
Era	Çağ
Especialista	Uzman
Esquecido	Unutulmuş
Fóssil	Fosil
Fragmentos	Parça
Investigador	Araştirmaci
Mistério	Gizem
Objetos	Nesne
Ossos	Kemikler
Professor	Profesör
Relíquia	Kalinti
Templo	Tapinak
Túmulo	Mezar

Astronomia
Astronomi

Astronauta	Astronot
Astrônomo	Astronom
Celestial	Göksel
Céu	Gökyüzü
Constelação	Takimyildiz
Eclipse	Tutulma
Equinócio	Ekinoks
Foguete	Roket
Galáxia	Gökada
Gravidade	Yerçekimi
Lua	Ay
Meteoro	Meteor
Nebulosa	Bulutsu
Observatório	Rasathane
Planeta	Gezegen
Radiação	Radyasyon
Solar	Güneş
Supernova	Süpernova
Terra	Toprak
Universo	Evren

Atividades e Lazer
Aktiviteler ve boş Zaman

Arte	Sanat
Basquete	Basketbol
Beisebol	Beyzbol
Boxe	Boks
Caminhada	Yürüyüş
Futebol	Futbol
Golfe	Golf
Hobbies	Hobiler
Jardinagem	Bahçivanlik
Mergulho	Daliş
Natação	Yüzme
Pesca	Balikçilik
Pintura	Boyama
Relaxante	Rahatlatici
Surfe	Sörf
Tênis	Tenis
Viagem	Seyahat Etmek
Voleibol	Voleybol

Aventura
Macera

Alegria	Sevinç
Amigos	Arkadaşlar
Beleza	Güzellik
Bravura	Cesaret
Chance	Şans
Desafios	Zorluklar
Destino	Hedef
Dificuldade	Zorluk
Entusiasmo	Heves
Excursão	Gezi
Incomum	Olağan Dişi
Itinerário	Güzergah
Natureza	Doğa
Navegação	Sefer
Novo	Yeni
Oportunidade	Firsat
Perigoso	Tehlikeli
Preparação	Hazirlik
Segurança	Emniyet
Surpreendente	Şaşirtici

Aviões
Uçaklar

Altitude	Rakim
Altura	Yükseklik
Ar	Hava
Atmosfera	Atmosfer
Aventura	Macera
Balão	Balon
Céu	Gökyüzü
Combustível	Yakit
Construção	Yapi
Descida	Iniş
Direção	Yön
Hélices	Pervane
Hidrogênio	Hidrojen
História	Tarih
Inflar	Şişirmek
Motor	Motor
Passageiro	Yolcu
Piloto	Pilot
Tripulação	Mürettebat
Turbulência	Türbülans

Água
Suçlu

Canal	Kanal
Chuva	Yağmur
Chuveiro	Duş
Evaporação	Buharlaşma
Furacão	Kasirga
Geada	Don
Gelo	Buz
Geyser	Gayzer
Inundação	Sel
Irrigação	Sulama
Lago	Göl
Monção	Muson
Neve	Kar
Oceano	Okyanus
Ondas	Dalgalar
Rio	Nehir
Umidade	Nem
Vapor	Buhar

Álgebra
Cebir

Diagrama	Diyagram
Divisão	Bölüm
Equação	Denklem
Expoente	Üs
Falso	Yanliş
Fator	Faktör
Fórmula	Formül
Fração	Kesir
Infinito	Sonsuz
Linear	Doğrusal
Matriz	Matris
Número	Numara
Parêntese	Parantez
Problema	Sorun
Simplificar	Basitleştir
Solução	Çözüm
Soma	Toplam
Subtração	Çikarma
Variável	Değişken
Zero	Sifir

Balé
Bale

Aplauso	Alkiş
Artístico	Sanatsal
Bailarina	Balerin
Compositor	Besteci
Coreografia	Koreografi
Dançarinos	Dansçilar
Ensaio	Prova
Estilo	Tarz
Expressivo	Anlamli
Gesto	Jest
Gracioso	Zarif
Habilidade	Beceri
Intensidade	Yoğunluk
Músculos	Kaslar
Música	Müzik
Orquestra	Orkestra
Público	Seyirci
Ritmo	Ritim
Solo	Solo
Técnica	Teknik

Barcos
Tekneler

Âncora	Çapa
Balsa	Feribot
Bóia	Şamandira
Canoa	Kano
Corda	Ip
Doca	Dok
Iate	Yat
Jangada	Sal
Lago	Göl
Mar	Deniz
Maré	Gelgit
Marinheiro	Denizci
Mastro	Direk
Motor	Motor
Náutico	Deniz
Oceano	Okyanus
Ondas	Dalgalar
Rio	Nehir
Tripulação	Mürettebat
Veleiro	Yelkenli

Beleza
Güzellik

Batom	Ruj
Charme	Cazibe
Cor	Renk
Cosméticos	Kozmetik
Elegante	Zarif
Elegância	Zarafet
Espelho	Ayna
Estilista	Stilist
Fotogênico	Fotojenik
Fragrância	Koku
Graça	Lütuf
Maquiagem	Makyaj
Óleos	Yağlar
Pele	Cilt
Rímel	Maskara
Suave	Düz
Tesoura	Makas
Xampu	Şampuan

Biologia
Biyoloji

Anatomia	Anatomi
Bactérias	Bakteri
Célula	Hücre
Colagénio	Kolajen
Cromossoma	Kromozom
Embrião	Embriyo
Enzima	Enzim
Evolução	Evrim
Fotossíntese	Fotosentez
Hormona	Hormon
Mamífero	Memeli
Mutação	Mutasyon
Natural	Doğal
Nervo	Sinir
Neurônio	Nöron
Osmose	Ozmos
Proteína	Protein
Réptil	Sürüngen
Simbiose	Symbiosis
Sinapse	Sinaps

Caminhada
Yürüyüş

Animais	Hayvanlar
Água	Su
Cansado	Yorgun
Clima	Iklim
Cume	Toplanti
Mapa	Harita
Montanha	Dağ
Natureza	Doğa
Orientação	Oryantasyon
Parques	Parklar
Pedras	Taşlar
Penhasco	Uçurum
Perigos	Tehlikeler
Pesado	Ağir
Preparação	Hazirlik
Selvagem	Vahşi
Sol	Güneş
Tempo	Hava

Casa
Ev

Biblioteca	Kütüphane
Cerca	Çit
Chaves	Anahtarlar
Chuveiro	Duş
Cortinas	Perdeler
Cozinha	Mutfak
Espelho	Ayna
Garagem	Garaj
Janela	Pencere
Jardim	Bahçe
Lareira	Şömine
Mobiliário	Mobilya
Parede	Duvar
Porta	Kapi
Quarto	Oda
Sótão	Çati Kati
Tapete	Kilim
Teto	Tavan
Torneira	Musluk
Vassoura	Süpürge

Chocolate
Çikolatalı

Açúcar	Şeker
Amargo	Aci
Antioxidante	Antioksidan
Aroma	Aroma
Artesanal	Zanaat
Cacau	Kakao
Calorias	Kalori
Caramelo	Karamel
Comer	Yemek
Delicioso	Lezzetli
Doce	Tatli
Exótico	Egzotik
Favorito	Favori
Gosto	Tat
Ingrediente	Içerik
Pó	Toz
Qualidade	Kalite
Sabor	Lezzet

Churrascos
Barbeküler

Amigos	Arkadaşlar
Cebolas	Soğan
Convite	Davet
Crianças	Çocuklar
Facas	Biçak
Família	Aile
Fome	Açlik
Frango	Tavuk
Fruta	Meyve
Grelha	Izgara
Jogos	Oyunlar
Legumes	Sebzeler
Molho	Sos
Música	Müzik
Pimenta	Biber
Quente	Sicak
Sal	Tuz
Saladas	Salatalar
Tomates	Domatesler
Verão	Yaz

Cidade
Kasaba

Aeroporto	Havalimani
Banco	Banka
Biblioteca	Kütüphane
Cinema	Sinema
Clínica	Klinik
Escola	Okul
Estádio	Stadyum
Farmácia	Eczane
Florista	Çiçekçi
Galeria	Galeri
Hotel	Otel
Livraria	Kitapçi
Mercado	Pazar
Museu	Müze
Padaria	Firin
Restaurante	Restoran
Salão	Salon
Supermercado	Süpermarket
Teatro	Tiyatro
Universidade	Üniversite

Ciência
Bilim

Átomo	Atom
Clima	Iklim
Dados	Veri
Evolução	Evrim
Experiência	Deney
Fato	Gerçek
Física	Fizik
Fóssil	Fosil
Gravidade	Yerçekimi
Hipótese	Hipotez
Laboratório	Laboratuvar
Método	Yöntem
Minerais	Mineraller
Moléculas	Molekül
Natureza	Doğa
Observação	Gözlem
Organismo	Organizma
Partículas	Parçaciklar
Plantas	Bitkiler
Químico	Kimyasal

Clima
Hava

Arco-Íris	Gökkuşaği
Atmosfera	Atmosfer
Brisa	Esinti
Céu	Gökyüzü
Clima	Iklim
Gelo	Buz
Monção	Muson
Nevoeiro	Sis
Nublado	Bulutlu
Nuvem	Bulut
Polar	Kutup
Relâmpago	Yildirim
Seca	Kuraklik
Seco	Kuru
Temperatura	Sicaklik
Tempestade	Firtina
Tornado	Kasirga
Tropical	Tropik
Trovão	Gök Gürültüsü
Vento	Rüzgâr

Comida # 2
Yemek #2

Alcachofra	Enginar
Amêndoa	Badem
Arroz	Pirinç
Banana	Muz
Beringela	Patlican
Brócolis	Brokoli
Cereja	Kiraz
Chocolate	Çikolata
Cogumelo	Mantar
Frango	Tavuk
Iogurte	Yoğurt
Kiwi	Kivi
Maçã	Elma
Ovo	Yumurta
Peixe	Balik
Presunto	Jambon
Queijo	Peynir
Tomate	Domates
Trigo	Buğday
Uva	Üzüm

Comida #1
Yemek #1

Açúcar	Şeker
Alho	Sarimsak
Amendoim	Fistik
Atum	Balik
Bolo	Kek
Canela	Tarçin
Cebola	Soğan
Cenoura	Havuç
Cevada	Arpa
Damasco	Kayisi
Espinafre	Ispanak
Leite	Süt
Limão	Limon
Manjericão	Fesleğen
Morango	Çilek
Nabo	Şalgam
Sal	Tuz
Salada	Salata
Sopa	Çorba
Suco	Meyve Suyu

Corpo Humano
İnsan Vücudu

Boca	Ağiz
Cabeça	Baş
Cérebro	Beyin
Coração	Kalp
Cotovelo	Dirsek
Dedo	Parmak
Joelho	Diz
Lábios	Dudak
Mão	El
Nariz	Burun
Olho	Göz
Ombro	Omuz
Orelha	Kulak
Pele	Cilt
Perna	Bacak
Pescoço	Boyun
Queixo	Çene
Sangue	Kan
Testa	Alin
Tornozelo	Ayak Bileği

Cozinha
Mutfak

Avental	Önlük
Chaleira	Kazan
Colheres	Kaşik
Comer	Yemek
Concha	Kepçe
Cups	Bardak
Especiarias	Baharat
Esponja	Sünger
Facas	Biçak
Forno	Firin
Freezer	Dondurucu
Garfos	Çatallar
Geladeira	Buzdolabi
Grelha	Izgara
Guardanapo	Peçete
Jar	Kavanoz
Jarro	Sürahi
Tigela	Tas

Dança
Dans

Academia	Akademi
Alegre	Neşeli
Arte	Sanat
Clássico	Klasik
Coreografia	Koreografi
Corpo	Vücut
Cultura	Kültür
Cultural	Kültürel
Emoção	Duygu
Ensaio	Prova
Expressivo	Anlamli
Graça	Lütuf
Movimento	Hareket
Música	Müzik
Parceiro	Ortak
Postura	Duruş
Ritmo	Ritim
Tradicional	Geleneksel
Visual	Görsel

Dias e Meses
Günler ve Aylar

Abril	Nisan
Agosto	Ağustos
Ano	Yil
Calendário	Takvim
Dezembro	Aralik
Domingo	Pazar
Fevereiro	Şubat
Janeiro	Ocak
Julho	Temmuz
Junho	Haziran
Mês	Ay
Novembro	Kasim
Outubro	Ekim
Quinta-Feira	Perşembe
Sábado	Cumartesi
Segunda-Feira	Pazartesi
Semana	Hafta
Setembro	Eylül
Sexta-Feira	Cuma
Terça	Sali

Diplomacia
Diplomasi

Campanhas	Kampanya
Cidadãos	Vatandaşlar
Comunidade	Topluluk
Conflito	Çekişme
Consultor	Danişman
Cooperação	İşbirliği
Diplomático	Diplomatik
Discussão	Tartişma
Embaixada	Elçilik
Embaixador	Büyükelçi
Ética	Etik
Governo	Hükümet
Humanitário	İnsani
Integridade	Bütünlük
Justiça	Adalet
Línguas	Diller
Política	Siyaset
Segurança	Güvenlik
Solução	Çözüm
Tratado	Antlaşma

Dirigindo
Sürüş

Acidente	Kaza
Carro	Araba
Combustível	Yakit
Cuidado	Dikkat
Estrada	Yol
Freios	Frenler
Garagem	Garaj
Gás	Gaz
Licença	Lisans
Mapa	Harita
Motocicleta	Motosiklet
Motor	Motor
Pedestre	Yaya
Perigo	Tehlike
Polícia	Polis
Rua	Sokak
Segurança	Emniyet
Transporte	Taşimacilik
Tráfego	Trafik
Túnel	Tünel

Disciplinas Científicas
Bilimsel Disiplinler

Anatomia	Anatomi
Arqueologia	Arkeoloji
Astronomia	Astronomi
Biologia	Biyoloji
Bioquímica	Biyokimya
Botânica	Botanik
Cinesiologia	Kinesiyoloji
Ecologia	Ekoloji
Fisiologia	Fizyoloji
Geologia	Jeoloji
Imunologia	İmmünoloji
Linguística	Dilbilim
Meteorologia	Meteoroloji
Mineralogia	Mineraloji
Neurologia	Nöroloji
Psicologia	Psikoloji
Química	Kimya
Sociologia	Sosyoloji
Termodinâmica	Termodinamik
Zoologia	Zooloji

Doença
Hastalık

Agudo	Akut
Alergias	Alerjiler
Bacteriano	Bakteriyel
Contagioso	Bulaşici
Coração	Kalp
Corpo	Vücut
Crônica	Kronik
Fraco	Zayif
Genético	Genetik
Hereditário	Kalitsal
Imunidade	Bağişiklik
Inflamação	İltihap
Lombar	Lomber
Neuropatia	Nöropati
Ossos	Kemikler
Patógenos	Patojenler
Respiratório	Solunum
Saúde	Sağlik
Síndrome	Sendrom
Terapia	Terapi

Ecologia
Ekoloji

Clima	Iklim
Comunidades	Topluluk
Diversidade	Çeşitlilik
Fauna	Fauna
Flora	Flora
Global	Küresel
Marinho	Deniz
Montanhas	Dağlar
Natural	Doğal
Natureza	Doğa
Pântano	Bataklik
Plantas	Bitkiler
Recursos	Kaynaklar
Seca	Kuraklik
Sobrevivência	Beka
Vegetação	Bitki Örtüsü
Voluntários	Gönüllü

Edifícios
Site

Apartamento	Apartman
Castelo	Kale
Celeiro	Ahir
Cinema	Sinema
Embaixada	Elçilik
Escola	Okul
Estádio	Stadyum
Fazenda	Çiftlik
Fábrica	Fabrika
Garagem	Garaj
Hospital	Hastane
Hotel	Otel
Laboratório	Laboratuvar
Museu	Müze
Observatório	Rasathane
Supermercado	Süpermarket
Teatro	Tiyatro
Tenda	Çadir
Torre	Kule
Universidade	Üniversite

Emoções
Duygular

Alegria	Sevinç
Amor	Aşk
Animado	Heyecanli
Bem-Aventurança	Mutluluk
Bondade	Nezaket
Calmo	Sakin
Grato	Minnettar
Medo	Korku
Paz	Bariş
Raiva	Öfke
Relaxado	Rahat
Satisfeito	Memnun
Simpatia	Sempati
Ternura	Hassasiyet
Tédio	Sikinti
Tranquilidade	Huzur
Tristeza	Üzüntü

Energia
Enerji

Ambiente	Çevre
Bateria	Pil
Calor	Isi
Carbono	Karbon
Combustível	Yakit
Diesel	Mazot
Elétrico	Elektrik
Elétron	Elektron
Entropia	Entropi
Fóton	Foton
Gasolina	Benzin
Hidrogênio	Hidrojen
Indústria	Endüstri
Motor	Motor
Nuclear	Nükleer
Poluição	Kirlilik
Renovável	Yenilenebilir
Sol	Güneş
Turbina	Türbin
Vento	Rüzgar

Engenharia
Mühendislik

Alavancas	Kol
Atrito	Sürtünme
Ângulo	Açi
Cálculo	Hesaplama
Diagrama	Diyagram
Diâmetro	Çap
Diesel	Mazot
Dimensões	Boyutlar
Distribuição	Dağitim
Eixo	Eksen
Energia	Enerji
Estabilidade	Sebat
Estrutura	Yapi
Força	Kuvvet
Líquido	Sivi
Máquina	Makine
Medição	Ölçüm
Motor	Motor
Movimento	Hareket
Profundidade	Derinlik

Especiarias
Baharat

Açafrão	Safran
Alcaçuz	Meyan
Alho	Sarimsak
Amargo	Aci
Anis	Anason
Azedo	Ekşi
Baunilha	Vanilya
Canela	Tarçin
Cardamomo	Kakule
Caril	Köri
Cebola	Soğan
Coentro	Kişniş
Cominho	Kimyon
Doce	Tatli
Funcho	Rezene
Gengibre	Zencefil
Noz-Moscada	Ceviz
Pimenta	Biber
Sabor	Lezzet
Sal	Tuz

Esportes
Spor

Atleta	Atlet
Árbitro	Hakem
Basquete	Basketbol
Beisebol	Beyzbol
Bicicleta	Bisiklet
Campeonato	Şampiyon
Equipe	Takim
Estádio	Stadyum
Ganhador	Kazanan
Ginásio	Salon
Ginástica	Jimnastik
Golfe	Golf
Hóquei	Hokey
Jogador	Oyuncu
Jogo	Oyun
Movimento	Hareket
Tênis	Tenis
Treinador	Koç

Ética
Etik

Altruísmo	Özgecilik
Bondade	Nezaket
Compaixão	Merhamet
Cooperação	İşbirliği
Dignidade	Haysiyet
Diplomático	Diplomatik
Filosofia	Felsefe
Honestidade	Dürüstlük
Humanidade	İnsanlik
Individualismo	Bireycilik
Integridade	Bütünlük
Otimismo	Iyimserlik
Paciência	Sabir
Racionalidade	Rasyonalite
Razoável	Makul
Realismo	Gerçekçilik
Respeitoso	Saygili
Sabedoria	Bilgelik
Tolerância	Tolerans
Valores	Değerler

Família
Aile

Antepassado	Ata
Avó	Büyükanne
Avô	Büyük Baba
Criança	Çocuk
Crianças	Çocuklar
Esposa	Kadin Eş
Filha	Kiz Evlat
Gêmeos	İkizler
Infância	Çocukluk
Irmã	Kiz Kardeş
Irmão	Erkek Kardeş
Marido	Koca
Mãe	Anne
Neto	Torun
Pai	Baba
Primo	Kuzen
Sobrinha	Yeğen
Sobrinho	Erkek Yeğen
Tia	Teyze
Tio	Amca

Fazenda #1
Çiftlik #1

Abelha	Ari
Agricultura	Tarim
Arroz	Pirinç
Água	Su
Bezerro	Buzaği
Burro	Eşek
Cabra	Keçi
Campo	Alan
Cavalo	At
Cão	Köpek
Cerca	Çit
Corvo	Karga
Feno	Saman
Fertilizante	Gübre
Frango	Tavuk
Gato	Kedi
Mel	Bal
Porco	Domuz
Rebanho	Sürü
Vaca	İnek

Fazenda #2
Çiftlik #2

Agricultor	Çiftçi
Animais	Hayvanlar
Celeiro	Ahir
Cevada	Arpa
Colmeia	Kovan
Cordeiro	Kuzu
Fruta	Meyve
Irrigação	Sulama
Leite	Süt
Lhama	Lama
Maduro	Olgun
Milho	Misir
Ovelha	Koyun
Pastor	Çoban
Pato	Ördek
Pomar	Bahçe
Prado	Çayir
Trator	Traktör
Trigo	Buğday
Vegetal	Sebze

Férias #2
Tatil #2

Aeroporto	Havalimani
Destino	Hedef
Estrangeiro	Yabanci
Fotos	Fotoğraflar
Hotel	Otel
Ilha	Ada
Lazer	Boş
Mapa	Harita
Mar	Deniz
Montanhas	Dağlar
Passaporte	Pasaport
Praia	Plaj
Restaurante	Restoran
Táxi	Taksi
Tenda	Çadir
Transporte	Taşimacilik
Viagem	Seyahat
Visto	Vize

Ficção Científica
Bilim Kurgu

Atómico	Atomik
Cinema	Sinema
Distante	Uzak
Explosão	Patlama
Extremo	Aşiri
Fantástico	Fantastik
Fogo	Ateş
Futurista	Fütüristik
Galáxia	Gökada
Ilusão	Yanilsama
Imaginário	Hayali
Livros	Kitaplar
Misterioso	Gizemli
Mundo	Dünya
Oráculo	Kehanet
Planeta	Gezegen
Realista	Gerçekçi
Robôs	Robotlar
Tecnologia	Teknoloji
Utopia	Ütopya

Física
Fizikçi

Aceleração	Hizlanma
Átomo	Atom
Caos	Kaos
Densidade	Yoğunluk
Elétron	Elektron
Fórmula	Formül
Frequência	Siklik
Gás	Gaz
Gravidade	Yerçekimi
Magnetismo	Manyetizma
Massa	Kitle
Mecânica	Mekanik
Molécula	Molekül
Motor	Motor
Nuclear	Nükleer
Partícula	Partikül
Químico	Kimyasal
Relatividade	Görelilik
Universal	Evrensel
Velocidade	Hiz

Flores
Çiçekler

Buquê	Buket
Dente-De-Leão	Karahindiba
Gardênia	Gardenya
Girassol	Ayçiçeği
Hibisco	Ebegümeci
Jasmim	Yasemin
Lavanda	Lavanta
Lilás	Leylak
Lírio	Zambak
Magnólia	Manolya
Margarida	Papatya
Narciso	Nergis
Orquídea	Orkide
Papoula	Haşhaş
Peônia	Şakayik
Pétala	Yaprak
Plumeria	Plumeria
Rosa	Gül
Trevo	Yonca
Tulipa	Lale

Força e Gravidade
Kuvvet ve Yerçekimi

Atrito	Sürtünme
Centro	Merkez
Descoberta	Keşif
Dinâmico	Dinamik
Distância	Mesafe
Eixo	Eksen
Expansão	Genişleme
Física	Fizik
Magnetismo	Manyetizma
Magnitude	Büyüklük
Mecânica	Mekanik
Movimento	Hareket
Órbita	Yörünge
Peso	Ağirlik
Planetas	Gezegenler
Pressão	Basinç
Propriedades	Özellikler
Rapidez	Hiz
Tempo	Zaman
Universal	Evrensel

Formas
Şekilliler

Arco	Ark
Canto	Köşe
Cilindro	Silindir
Círculo	Daire
Cone	Koni
Cubo	Küp
Curva	Eğri
Elipse	Elips
Esfera	Küre
Hipérbole	Hiperbol
Lado	Yan
Linha	Sira
Oval	Oval
Pirâmide	Piramit
Polígono	Çokgen
Prisma	Prizma
Quadrado	Kare
Retângulo	Dikdörtgen
Triângulo	Üçgen

Frutas
Meyve

Abacate	Avokado
Abacaxi	Ananas
Amora	Böğürtlen
Baga	Dut
Banana	Muz
Cereja	Kiraz
Damasco	Kayisi
Figo	İncir
Framboesa	Ahududu
Goiaba	Guava
Kiwi	Kivi
Laranja	Turuncu
Limão	Limon
Maçã	Elma
Mamão	Papaya
Manga	Mango
Nectarina	Nektar
Pera	Armut
Pêssego	Şeftali
Uva	Üzüm

Geografia
Coğrafya

Altitude	Rakim
Atlas	Atlas
Cidade	Kent
Continente	Kita
Hemisfério	Yarimküre
Ilha	Ada
Latitude	Enlem
Longitude	Boylam
Mapa	Harita
Mar	Deniz
Meridiano	Meridyen
Montanha	Dağ
Mundo	Dünya
Norte	Kuzey
Oceano	Okyanus
Oeste	Bati
País	Ülke
Rio	Nehir
Sul	Güney
Território	Bölge

Geologia
Jeoloji

Ácido	Asit
Camada	Katman
Caverna	Mağara
Cálcio	Kalsiyum
Ciclos	Döngüler
Continente	Kita
Coral	Mercan
Cristais	Kristaller
Erosão	Erozyon
Estalactite	Sarkit
Fóssil	Fosil
Lava	Lav
Minerais	Mineraller
Pedra	Taş
Platô	Yayla
Quartzo	Kuvars
Sal	Tuz
Terremoto	Deprem
Vulcão	Volkan
Zona	Bölge

Geometria
Geometri

Altura	Yükseklik
Ângulo	Açi
Cálculo	Hesaplama
Círculo	Daire
Curva	Eğri
Diâmetro	Çap
Dimensão	Boyut
Equação	Denklem
Horizontal	Yatay
Lógica	Mantik
Massa	Kitle
Mediana	Medyan
Paralelo	Koşut
Proporção	Oran
Segmento	Bölüm
Simetria	Simetri
Superfície	Yüzey
Teoria	Teori
Triângulo	Üçgen
Vertical	Dikey

Governo
Devlet

Cidadania	Vatandaşlik
Civil	Sivil
Constituição	Anayasa
Democracia	Demokrasi
Discurso	Konuşma
Discussão	Tartişma
Distrito	Bölge
Estado	Devlet
Igualdade	Eşitlik
Independência	Bağimsizlik
Judicial	Adli
Justiça	Adalet
Lei	Kanun
Liberdade	Özgürlük
Líder	Lider
Monumento	Anit
Nacional	Ulusal
Nação	Ulus
Política	Siyaset
Símbolo	Sembol

Herbalismo
Bitkicilik

Açafrão	Safran
Alecrim	Biberiye
Alho	Sarimsak
Aromático	Aromatik
Benéfico	Faydali
Coentro	Kişniş
Estragão	Tarhun
Flor	Çiçek
Funcho	Rezene
Ingrediente	Içerik
Jardim	Bahçe
Lavanda	Lavanta
Manjericão	Fesleğen
Manjerona	Mercanköşk
Planta	Bitki
Qualidade	Kalite
Sabor	Lezzet
Salsa	Maydanoz
Tomilho	Kekik
Verde	Yeşil

Instrumentos Musicais
Enstrüman

Bandolim	Mandolin
Banjo	Banço
Baquetas	Baget
Clarinete	Klarnet
Fagote	Fagot
Flauta	Flüt
Gongo	Gong
Harpa	Arp
Marimba	Marimba
Oboé	Obua
Pandeiro	Tef
Percussão	Vurma
Piano	Piyano
Saxofone	Saksafon
Tambor	Davul
Trombone	Trombon
Trompete	Trompet
Violão	Gitar
Violino	Keman
Violoncelo	Çello

Jardim
Bahçe

Ancinho	Tirmik
Arbusto	Çali
Árvore	Ağaç
Banco	Bank
Cerca	Çit
Ervas Daninhas	Otlar
Flor	Çiçek
Garagem	Garaj
Grama	Çimen
Jardim	Bahçe
Lagoa	Gölet
Maca	Hamak
Mangueira	Hortum
Pá	Kürek
Solo	Toprak
Terraço	Teras
Trampolim	Trambolin
Varanda	Veranda
Videira	Asma

Jardinagem
Bahçıvanlık

Água	Su
Botânico	Botanik
Buquê	Buket
Clima	Iklim
Comestível	Yenilebilir
Composto	Kompost
Exótico	Egzotik
Floral	Çiçek
Folha	Yaprak
Folhagem	Yeşillik
Mangueira	Hortum
Pomar	Bahçe
Recipiente	Konteyner
Sazonal	Mevsimlik
Sementes	Tohum
Solo	Toprak
Sujeira	Kir
Umidade	Nem

Jazz
Cazcı

Artista	Sanatçi
Álbum	Albüm
Bateria	Davul
Canção	Şarki
Composição	Kompozisyon
Compositor	Besteci
Concerto	Konser
Estilo	Tarz
Ênfase	Vurgu
Famoso	Ünlü
Gênero	Tür
Improvisação	Doğaçlama
Influências	Etkiler
Música	Müzik
Novo	Yeni
Orquestra	Orkestra
Ritmo	Ritim
Talento	Yetenek
Técnica	Teknik
Velho	Yaş

Literatura
Edebiyat

Analogia	Analoji
Análise	Analiz
Anedota	Anekdot
Autor	Yazar
Biografia	Biyografi
Comparação	Karşilaştirma
Conclusão	Sonuç
Descrição	Tanim
Diálogo	Diyalog
Estilo	Tarz
Ficção	Kurgu
Metáfora	Mecaz
Narrador	Anlatici
Opinião	Görüş
Poema	Şiir
Rima	Kafiye
Ritmo	Ritim
Romance	Roman
Tema	Tema
Tragédia	Trajedi

Livros
Kitaplar

Autor	Yazar
Aventura	Macera
Coleção	Koleksiyon
Contexto	Bağlam
Dualidade	İkilik
Escrito	Yazili
Épico	Destan
História	Öykü
Histórico	Tarih
Inventivo	Yaratici
Leitor	Okuyucu
Literário	Edebî
Narrador	Anlatici
Página	Sayfa
Personagem	Karakter
Poesia	Şiir
Relevante	İlgili
Romance	Roman
Série	Dizi
Trágico	Trajik

Mamíferos
Memeliler

Baleia	Balina
Camelo	Deve
Canguru	Kanguru
Castor	Kunduz
Cavalo	At
Cão	Köpek
Coelho	Tavşan
Coiote	Çakal
Elefante	Fil
Gato	Kedi
Girafa	Zürafa
Golfinho	Yunus
Gorila	Goril
Leão	Aslan
Lobo	Kurt
Macaco	Maymun
Ovelha	Koyun
Raposa	Tilki
Touro	Boğa
Zebra	Zebra

Matemática
Matematik

Aritmética	Aritmetik
Ângulos	Açilar
Decimal	Ondalik
Diâmetro	Çap
Equação	Denklem
Expoente	Üs
Fração	Kesir
Geometria	Geometri
Números	Sayilar
Paralelo	Koşut
Paralelogramo	Paralelkenar
Perímetro	Çevre
Polígono	Çokgen
Quadrado	Kare
Raio	Yariçap
Retângulo	Dikdörtgen
Simetria	Simetri
Soma	Toplam
Triângulo	Üçgen
Volume	Hacim

Material de Arte
Sanat Malzemeleri

Acrílico	Akrilik
Apagador	Silgi
Aquarelas	Suluboya
Argila	Kil
Água	Su
Cadeira	Sandalye
Cavalete	Şövale
Câmera	Kamera
Cola	Tutkal
Cores	Renk
Criatividade	Yaraticilik
Escovas	Firçalar
Lápis	Kalemler
Mesa	Masa
Óleo	Yağ
Papel	Kâğit
Pastels	Pastel
Tinta	Mürekkep

Medições
Ölçümler

Altura	Yükseklik
Byte	Bayt
Centímetro	Santimetre
Comprimento	Uzunluk
Decimal	Ondalik
Grama	Gram
Grau	Derece
Largura	Genişlik
Litro	Litre
Massa	Kitle
Metro	Metre
Minuto	Dakika
Onça	Ons
Peso	Ağirlik
Polegada	İnç
Profundidade	Derinlik
Quilograma	Kilogram
Quilômetro	Kilometre
Tonelada	Ton
Volume	Hacim

Meditação
Meditasyon

Aceitação	Kabul
Acordado	Uyanik
Aprender	Öğrenmek
Bondade	Nezaket
Clareza	Açiklik
Compaixão	Merhamet
Emoções	Duygular
Gratidão	Minnettarlik
Hábitos	Alişkanliklar
Mental	Zihinsel
Mente	Akil
Movimento	Hareket
Música	Müzik
Natureza	Doğa
Observação	Gözlem
Paz	Bariş
Pensamentos	Düşünceler
Perspectiva	Perspektif
Postura	Duruş
Silêncio	Sessizlik

Mitologia
Mitoloji

Arquétipo	Numune
Ciúmes	Kiskançlik
Comportamento	Davraniş
Criação	Yaratiliş
Criatura	Yaratik
Cultura	Kültür
Desastre	Felaket
Força	Kuvvet
Guerreiro	Savaşçi
Herói	Kahraman
Imortalidade	Ölümsüzlük
Labirinto	Labirent
Lenda	Efsane
Mágico	Büyülü
Monstro	Canavar
Mortal	Ölümlü
Relâmpago	Yildirim
Triunfante	Muzaffer
Trovão	Gök Gürültüsü
Vingança	Intikam

Moda
Moda

Bordado	Nakiş
Botões	Düğme
Boutique	Butik
Caro	Pahali
Confortável	Rahat
Elegante	Zarif
Estilo	Tarz
Medidas	Ölçüm
Minimalista	Minimalist
Moderno	Modern
Modesto	Mütevazi
Original	Asil
Prático	Pratik
Renda	Dantel
Tecido	Kumaş
Tendência	Akim
Textura	Doku

Música
Müzik

Álbum	Albüm
Cantor	Şarkici
Clássico	Klasik
Coro	Koro
Eclético	Eklektik
Gravação	Kayit
Harmonia	Ahenk
Improvisar	Doğaçlama
Instrumento	Enstrüman
Lírico	Lirik
Melodia	Melodi
Microfone	Mikrofon
Musical	Müzikal
Músico	Müzisyen
Ópera	Opera
Poético	Şiirsel
Ritmo	Ritim
Rítmico	Ritmik
Tempo	Tempo
Vocal	Vokal

Natureza
Doğa

Abelhas	Arlar
Animais	Hayvanlar
Ártico	Arktik
Beleza	Güzellik
Deserto	Çöl
Dinâmico	Dinamik
Erosão	Erozyon
Floresta	Orman
Folhagem	Yeşillik
Geleira	Buzul
Montanhas	Dağlar
Nevoeiro	Sis
Nuvens	Bulutlar
Pacífico	Huzurlu
Rio	Nehir
Santuário	Barinak
Selvagem	Vahşi
Sereno	Sakin
Tropical	Tropikal
Vital	Hayati

Negócios
İşletme

Carreira	Kariyer
Custo	Maliyet
Desconto	Indirim
Dinheiro	Para
Economia	Ekonomi
Empregado	Çalişan
Empregador	Işveren
Empresa	Şirket
Escritório	Ofis
Fábrica	Fabrika
Gerente	Yönetici
Impostos	Vergi
Investimento	Yatirim
Loja	Dükkan
Lucro	Kâr
Mercadoria	Mal
Moeda	Para Birimi
Orçamento	Bütçe
Rendimento	Gelir
Venda	Satiş

Nutrição
Beslenme

Amargo	Aci
Apetite	Iştah
Calorias	Kalori
Comestível	Yenilebilir
Dieta	Diyet
Digestão	Sindirim
Equilibrado	Dengeli
Fermentação	Fermantasyon
Hábitos	Alişkanliklar
Líquidos	Sivilar
Molho	Sos
Nutriente	Besin
Peso	Ağirlik
Proteínas	Protein
Qualidade	Kalite
Sabor	Lezzet
Saudável	Sağlikli
Saúde	Sağlik
Toxina	Toksin
Vitamina	Vitamini

Números
Şiir

Cinco	Beş
Decimal	Ondalik
Dez	On
Dezenove	On Dokuz
Dezesseis	On Alti
Dezessete	On Yedi
Dezoito	Onsekiz
Dois	2
Doze	On Iki
Nove	Dokuz
Oito	Sekiz
Quatorze	On Dört
Quatro	Dört
Seis	Alti
Sete	Yedi
Treze	On Üç
Três	Üç
Um	Bir
Vinte	Yirmi
Zero	Sifir

Oceano
Okyanus

Alga	Yosun
Baleia	Balina
Barco	Bot
Camarão	Karides
Caranguejo	Yengeç
Coral	Mercan
Enguia	Yilan Baliği
Esponja	Sünger
Golfinho	Yunus
Marés	Gelgit
Medusa	Denizanasi
Ondas	Dalgalar
Ostra	İstiridye
Peixe	Balik
Polvo	Ahtapot
Recife	Resif
Sal	Tuz
Tartaruga	Kaplumbağa
Tempestade	Firtina
Tubarão	Köpekbaliği

Paisagens
Manzaralar

Cascata	Şelale
Caverna	Mağara
Colina	Tepe
Deserto	Çöl
Geleira	Buzul
Golfo	Körfez
Iceberg	Buzdaği
Ilha	Ada
Lago	Göl
Mar	Deniz
Montanha	Dağ
Oásis	Vaha
Oceano	Okyanus
Pântano	Bataklik
Península	Yarimada
Praia	Plaj
Rio	Nehir
Tundra	Tundra
Vale	Vadi
Vulcão	Volkan

Países #1
Ülkeler #1

Alemanha	Almanya
Brasil	Brezilya
Camboja	Kamboçya
Canadá	Kanada
Egito	Misir
Equador	Ekvador
Espanha	İspanya
Finlândia	Finlandiya
Iraque	Irak
Israel	İsrail
Itália	İtalya
Índia	Hindistan
Mali	Mali
Marrocos	Fas
Nicarágua	Nikaragua
Noruega	Norveç
Panamá	Panama
Polônia	Polonya
Senegal	Senegal
Venezuela	Venezuela

Países #2
Ülkeler #2

Albânia	Arnavutluk
Dinamarca	Danimarka
França	Fransa
Grécia	Yunanistan
Haiti	Haiti
Indonésia	Endonezya
Irlanda	İrlanda
Jamaica	Jamaika
Japão	Japonya
Laos	Laos
Líbano	Lübnan
México	Meksika
Nepal	Nepal
Nigéria	Nijerya
Paquistão	Pakistan
Rússia	Rusya
Síria	Suriye
Somália	Somali
Ucrânia	Ukrayna
Uganda	Uganda

Pássaros
Kuşlar

Avestruz	Devekuşu
Águia	Kartal
Cegonha	Leylek
Cisne	Kuğu
Corvo	Karga
Cuco	Guguk
Flamingo	Flamingo
Frango	Tavuk
Gaivota	Marti
Ganso	Kaz
Garça	Balikçil
Ovo	Yumurta
Papagaio	Papağan
Pardal	Serçe
Pato	Ördek
Pavão	Tavus
Pelicano	Pelikan
Pinguim	Penguen
Pombo	Güvercin
Tucano	Tukan

Plantas
Bitkiler

Arbusto	Çali
Árvore	Ağaç
Baga	Dut
Bambu	Bambu
Botânica	Botanik
Cacto	Kaktüs
Erva	Ot
Feijão	Fasulye
Fertilizante	Gübre
Flor	Çiçek
Flora	Flora
Floresta	Orman
Folhagem	Yeşillik
Grama	Çimen
Hera	Sarmaşik
Jardim	Bahçe
Musgo	Yosun
Pétala	Yaprak
Raiz	Kök
Vegetação	Bitki Örtüsü

Política
Siyaset

Ativista	Aktivist
Campanha	Kampanya
Candidato	Aday
Comitê	Komite
Conselho	Konsey
Escolha	Seçim
Estratégia	Strateji
Ética	Etik
Governo	Hükümet
Igualdade	Eşitlik
Impostos	Vergi
Liberdade	Özgürlük
Nacional	Ulusal
Opinião	Görüş
Política	Politika
Político	Politikaci
Popularidade	Popülerlik
Vitória	Zafer

Profissões #1
Meslekler #1

Advogado	Avukat
Alfaiate	Terzi
Artista	Sanatçi
Astrônomo	Astronom
Banqueiro	Bankaci
Bombeiro	Itfaiyeci
Caçador	Avci
Cartógrafo	Haritaci
Dançarino	Dansçi
Editor	Editör
Embaixador	Büyükelçi
Encanador	Tesisatçi
Enfermeira	Hemşire
Geólogo	Jeolog
Joalheiro	Kuyumcu
Marinheiro	Denizci
Músico	Müzisyen
Pianista	Piyanist
Psicólogo	Psikolog
Veterinário	Veteriner

Profissões #2
Meslekler #2

Agricultor	Çiftçi
Astronauta	Astronot
Bibliotecário	Kütüphane
Biólogo	Biyolog
Cirurgião	Cerrah
Dentista	Dişçi
Engenheiro	Mühendis
Filósofo	Filozof
Fotógrafo	Fotoğrafçi
Ilustrador	Çizer
Inventor	Mucit
Investigador	Araştirmaci
Jardineiro	Bahçivan
Jornalista	Gazeteci
Linguista	Dilbilimci
Médico	Doktor
Piloto	Pilot
Pintor	Ressam
Professor	Öğretmen
Zoólogo	Zoolog

Psicologia
Psikoloji

Avaliação	Değerlendirme
Clínico	Klinik
Cognição	Biliş
Comportamento	Davraniş
Compromisso	Randevu
Conflito	Çekişme
Ego	Ego
Emoções	Duygular
Inconsciente	Bilinçsiz
Infância	Çocukluk
Influências	Etkiler
Pensamentos	Düşünceler
Percepção	Algi
Personalidade	Kişilik
Problema	Sorun
Realidade	Gerçeklik
Sensação	His
Sonhos	Hayal
Subconsciente	Bilinçalti
Terapia	Terapi

Química
Kimya

Alcalino	Alkali
Ácido	Asit
Calor	Isi
Carbono	Karbon
Catalisador	Katalizör
Cloro	Klor
Elementos	Elementler
Elétron	Elektron
Enzima	Enzim
Gás	Gaz
Hidrogênio	Hidrojen
Íon	İyon
Líquido	Sivi
Molécula	Molekül
Nuclear	Nükleer
Orgânico	Organik
Oxigénio	Oksijen
Peso	Ağirlik
Sal	Tuz
Temperatura	Sicaklik

Restaurante # 2
Restoran #2

Aperitivo	Meze
Água	Su
Bolo	Kek
Cadeira	Sandalye
Colher	Kaşik
Delicioso	Lezzetli
Especiarias	Baharat
Fruta	Meyve
Garçom	Garson
Garfo	Çatal
Gelo	Buz
Legumes	Sebzeler
Macarrão	Erişte
Ovo	Yumurta
Peixe	Balik
Sal	Tuz
Salada	Salata
Sopa	Çorba

Roupas
Giyim

Avental	Önlük
Blusa	Bluz
Calça	Pantolon
Camisa	Gömlek
Chapéu	Şapka
Cinto	Kemer
Colar	Kolye
Jaqueta	Ceket
Jeans	Kot
Lenço	Eşarp
Luvas	Eldivenler
Meias	Çorap
Moda	Moda
Pijama	Pijama
Pulseira	Bilezik
Saia	Etek
Sandálias	Sandalet
Sapato	Ayakkabi
Suéter	Kazak
Vestido	Elbise

Saúde e Bem-Estar #1
Sağlık ve Zindelik #1

Altura	Yükseklik
Ativo	Etkin
Bactérias	Bakteri
Clínica	Klinik
Doutor	Doktor
Farmácia	Eczane
Fome	Açlik
Fratura	Kirik
Hábito	Alişkanlik
Hormones	Hormon
Medicina	İlaç
Nervos	Sinirler
Ossos	Kemikler
Pele	Cilt
Postura	Duruş
Reflexo	Refleks
Relaxamento	Rahatlama
Terapia	Terapi
Tratamento	Tedavi
Vírus	Virüs

Saúde e Bem-Estar #2
Sağlık ve Zindelik #2

Alergia	Alerji
Anatomia	Anatomi
Apetite	Iştah
Caloria	Kalori
Corpo	Vücut
Desidratação	Susuzluk
Dieta	Diyet
Digestão	Sindirim
Doença	Hastalik
Energia	Enerji
Genética	Genetik
Higiene	Hijyen
Hospital	Hastane
Infecção	Enfeksiyon
Massagem	Masaj
Peso	Ağirlik
Recuperação	Kurtarma
Sangue	Kan
Saudável	Sağlikli
Vitamina	Vitamini

Tecnologia
Teknoloji

Arquivo	Dosya
Blog	Blog
Bytes	Bayt
Câmera	Kamera
Computador	Bilgisayar
Cursor	İmleç
Dados	Veri
Digital	Dijital
Estatísticas	İstatistik
Internet	İnternet
Mensagem	Mesaj
Navegador	Tarayici
Pesquisa	Araştirma
Segurança	Güvenlik
Software	Yazilim
Tela	Ekran
Virtual	Sanal
Vírus	Virüs

Tempo
Zaman

Agora	Şimdi
Ano	Yil
Antes	Önce
Anual	Yillik
Calendário	Takvim
Década	On Yil
Dia	Gün
Futuro	Gelecek
Hoje	Bugün
Hora	Saat
Manhã	Sabah
Meio-Dia	Öğle
Mês	Ay
Minuto	Dakika
Momento	An
Noite	Gece
Ontem	Dün
Passado	Geçmiş
Semana	Hafta
Século	Yüzyil

Tipos de Cabelo
Saç Tipleri

Branco	Beyaz
Brilhante	Parlak
Careca	Kel
Cinza	Gri
Colori	Renkli
Curto	Kisa
Encaracolado	Kivircik
Fino	Ince
Grosso	Kalin
Loiro	Sarişin
Longo	Uzun
Marrom	Kahverengi
Ondulado	Dalgali
Prata	Gümüş
Preto	Siyah
Saudável	Sağlikli
Seco	Kuru
Suave	Yumuşak
Trançado	Örgülü
Tranças	Örgü

Universo
Evren

Astronomia	Astronomi
Astrônomo	Astronom
Atmosfera	Atmosfer
Celestial	Göksel
Céu	Gökyüzü
Cósmico	Kozmik
Equador	Ekvator
Galáxia	Gökada
Hemisfério	Yarimküre
Horizonte	Ufuk
Inclinar	Eğme
Latitude	Enlem
Longitude	Boylam
Lua	Ay
Órbita	Yörünge
Solar	Güneş
Solstício	Gündönümü
Telescópio	Teleskop
Visível	Görünür
Zodíaco	Zodyak

Vegetais
Sebzeler

Abóbora	Kabak
Aipo	Kereviz
Alcachofra	Enginar
Alho	Sarimsak
Batata	Patates
Beringela	Patlican
Brócolis	Brokoli
Cebola	Soğan
Cenoura	Havuç
Cogumelo	Mantar
Couve-Flor	Karnabahar
Ervilha	Bezelye
Espinafre	Ispanak
Gengibre	Zencefil
Nabo	Şalgam
Pepino	Salatalik
Rabanete	Turp
Salada	Salata
Salsa	Maydanoz
Tomate	Domates

Veículos
Araçlar

Ambulância	Ambulans
Avião	Uçak
Balsa	Feribot
Barco	Bot
Bicicleta	Bisiklet
Caminhão	Kamyon
Caravana	Kervan
Carro	Araba
Foguete	Roket
Furgão	Van
Helicóptero	Helikopter
Jangada	Sal
Metrô	Metro
Motor	Motor
Ônibus	Otobüs
Pneus	Lastikler
Submarino	Denizalti
Táxi	Taksi
Trator	Traktör

Xadrez
Satranç

Aprender	Öğrenmek
Branco	Beyaz
Campeão	Şampiyon
Concurso	Yarişma
Desafios	Zorluklar
Diagonal	Çapraz
Estratégia	Strateji
Jogador	Oyuncu
Jogo	Oyun
Oponente	Rakip
Passivo	Pasif
Preto	Siyah
Rainha	Kraliçe
Regras	Tüzük
Rei	Kral
Sacrifício	Kurban
Tempo	Zaman
Torneio	Turnuva

Parabéns

Conseguiu!

Esperamos que tenha gostado tanto deste livro como nós gostamos de o desenhar. Esforçamo-nos por criar livros da mais alta qualidade possível.
Esta edição foi concebida para proporcionar uma aprendizagem inteligente, de qualidade e divertida!

Gostou deste livro?

Um simples pedido

Estes livros existem graças às críticas que publica.
Pode ajudar-nos, deixando agora uma revisão?

Aqui está um pequeno link para
a sua página de revisão:

BestBooksActivity.com/Avaliacoes50

DESAFIO FINAL!

Desafio n° 1

Está pronto para o seu jogo grátis? Usamo-los a toda a hora, mas não são tão fáceis de encontrar - aqui estão os Sinônimos!
Escreva 5 palavras que encontrou nos puzzles (n° 21, n° 36, n° 76) e tente encontrar 2 sinónimos para cada palavra.

Escreva 5 palavras de ***Puzzle 21***

Palavras	Sinônimo 1	Sinônimo 2

Escreva 5 palavras de ***Puzzle 36***

Palavras	Sinônimo 1	Sinônimo 2

Escreva 5 palavras de ***Puzzle 76***

Palavras	Sinônimo 1	Sinônimo 2

Desafio n° 2

Agora que já aqueceu, escreva 5 palavras que encontrou nos Puzzles (n° 9, n° 17 e n° 25) e tente encontrar 2 antônimos para cada palavra. Quantos se podem encontrar em 20 minutos?

*Escreva 5 palavras de **Puzzle 9***

Palavras	Antônimo 1	Antônimo 2

*Escreva 5 palavras de **Puzzle 17***

Palavras	Antônimo 1	Antônimo 2

*Escreva 5 palavras de **Puzzle 25***

Palavras	Antônimo 1	Antônimo 2

Desafio nº 3

Óptimo! Este desafio final 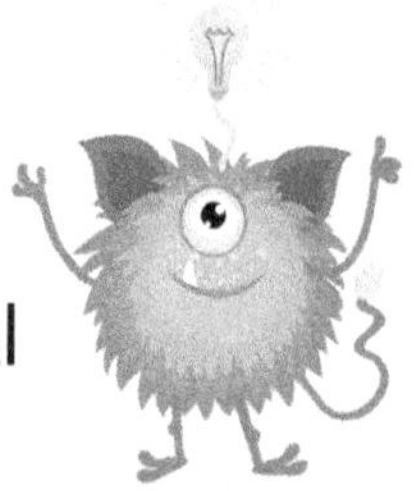 não é nada para si.

Pronto para o desafio final? Escolha 10 palavras que tenha descoberto nos diferentes puzzles e escreva-as abaixo.

1.	6.
2.	7.
3.	8.
4.	9.
5.	10.

Agora escreva um texto a pensar numa pessoa, num animal ou num lugar de seu agrado.

Pode utilizar a última página deste livro como um rascunho.

A Sua Composição:

CADERNO DE NOTAS:

ATÉ BREVE!

A equipa Inteira

www.ingramcontent.com/pod-product-compliance
Lightning Source LLC
Chambersburg PA
CBHW082040120626
46553CB00011B/3231
* 9 7 9 8 8 9 6 7 0 2 6 9 6 *